本书为国家社科基金项目"公私合作开展环境治理的模式创新与法律保障研究"（15BFX146）成果

公私合作环境
治理法律规制研究

肖 磊 ◎ 著

中国社会科学出版社

图书在版编目（CIP）数据

公私合作环境治理法律规制研究 / 肖磊著 . —北京：中国社会科学出版社，2020.6

ISBN 978-7-5203-6518-5

Ⅰ.①公… Ⅱ.①肖… Ⅲ.①环境保护法—研究—中国 Ⅳ.①D922.680.4

中国版本图书馆 CIP 数据核字（2020）第 086782 号

出 版 人	赵剑英
责任编辑	梁剑琴
责任校对	朱妍洁
责任印制	郝美娜

出　　版	中国社会科学出版社
社　　址	北京鼓楼西大街甲 158 号
邮　　编	100720
网　　址	http://www.csspw.cn
发 行 部	010-84083685
门 市 部	010-84029450
经　　销	新华书店及其他书店
印刷装订	环球东方（北京）印务有限公司
版　　次	2020 年 6 月第 1 版
印　　次	2020 年 6 月第 1 次印刷
开　　本	710×1000　1/16
印　　张	13
插　　页	2
字　　数	207 千字
定　　价	78.00 元

凡购买中国社会科学出版社图书，如有质量问题请与本社营销中心联系调换
电话：010-84083683
版权所有　侵权必究

摘　　要

基于法治现实主义的立场，可以从法律性质、核心功能和内在要求三个方面对公私合作环境治理的内涵予以揭示。就其法律性质而言，集中体现了环境人民主权原则，而非限于民主参与原则；建构科学合理的政府、企业与公众的治理权力结构制度，是落实公私合作环境治理的人民主权原则的具体体现。就其核心功能而言，意在追求环境治理机制的融合，避免环境利益的失衡。环境共治秩序的塑造，离不开法治体系与政府管理主义、市场理性主义与社会参与主义三重治理机制的相互融合。就其内在要求而言，不限于多元环境利益的法律表达，而是指向以平等配置、保护公民权利为核心意涵的现代环境治理格局。作为一种创新性环境治理机制，公私合作环境治理的成立要件包括主体要件、实质要件、行为要件和责任要件，这些成立要件构成了一个逻辑自洽体系，体现出公私合作环境治理的显著特质，明显区别于行政法上的公私合作机制。

学界对公私合作环境治理的研究，或聚焦风险社会理论，或重点阐述合作共治理论，或关注于国家职能转型变迁理论等。由于观察视角较为单一，从而导致法理模型建构和法治路径选择存在一定偏误和疏漏。无论是理论还是实践，公私合作环境治理涉及面都甚为广泛，需要采取多维的视角对之予以解读，保持开放性法理分析姿态，因应实践的适用性。基于此，本书采取从宏观到中观的观察角度，系统地提出环境风险与多元共治理论、国家职能变迁与环境治理行为形式选择理论、国家担保行政与环境保护义务理论等理论体系，意图全方位、多维度对公私合作环境治理的法律体系进行理性的分析与研究。

研究两大法系公私合作环境治理问题，既是比较与镜鉴，也是基于我国国情对之进行本土化建构的过程。通过法学比较方法，不难发现，尽管两大法系各具特色，但二者均主要以公法角度探讨分析公私合作法律关系，并以此建构相应法律制度，积极推动公私合作广泛应用于环境治理的实践中。在具体做法和制度实施等方面实质差异不大。值得注意的是，两大法系在建构公私合作环境治理法权结构时，呈现一种规范主义和功能主义的法学分野。我国公私合作环境治理的实践具有多样性的特征，因此，进行实践考察，需要综合运用类型化分析方法和典型案例分析方法，并结合公私合作环境治理的三大功能定位，从环境组织法、环境行为法和环境程序法三个方面对其进行类型化研究。同时，本书针对社会源废弃物的信息获取模式及其法律规制问题，运用典型案例分析法，剖析公私合作环境治理的实施现状和急需改进的法治方向。

公私合作环境治理作为现代环境法革新与民营化方案下的产物，具有强烈的政策性与目的性取向。一旦将公私合作应用于现代环境法律秩序中，并加以根植与实践，则可能对传统的环境法学造成巨大的挑战。为回应这些现实的挑战，实施公私合作环境治理必须有审慎而清晰的法治定位。同时，为回应公私合作环境治理的法治需求，必须推进政府职能定位及其权力配置的法定化，拓展环境行政主体类型并推动环境组织法改革。进而完善环境行政正当程序，规范多样化的公私合作环境治理行为，强化公私合作主体的信息公开制度，建立多元纠纷解决机制与强化司法审查功能等，以彰显法治对公私合作环境治理的规制作用。

环境共治秩序的重塑，既是我们认识公私合作环境治理法律规制的一个基本观点，又是贯穿于阐释公私合作环境治理的一条基本线索。基于此，本书借助法学规范方法和环境利益均衡原则，意图建构开放性的环境共治秩序，并从环境共治的主体法律关系变迁、环境共治内在法权结构变革以及环境共治的正当程序等展开了讨论。本书在理论上阐述的核心观点主要有以下三个方面：

首先，公私合作环境治理是一种全新的法律治理机制。从实践层面看，推进实施公私合作环境治理，不能回避环境问题固有的公益性、技术性和不确定性等属性；从理论层面看，环境合作行为与行政参与行为存在着显著的差别。因此，这些本质上的差异使其具有不同于行政法上公私合作机制的显著特质。

其次，公私合作环境治理是一种软性的法律治理机制。通过制度性的妥协方式，采取诱导性等市场经济手段，公私合作环境治理能够促使公私主体之间不同的环境治理主张，在对抗博弈中达到一种反思性平衡。同时，通过协商对话机制和国家责任担保机制，使主体双方之间取得信任与开展合作。

最后，公私合作环境治理是一种纠偏的法律治理机制。环境公私合作治理改变了传统环境公权力的"高压"姿态，有效地排除了单方环境权力行为的恣意性，有助于对环境主体和相对人之间不完全对等的倾斜度进行纠偏，实现环境治理由"秩序行政"向"合作行政"的转型与整合。

关键词：公私合作；环境治理；法律规制；民营化；多元共治

目 录

引言 ·· (1)
  一 研究背景与意义 ·· (1)
  二 研究现状与评析 ·· (4)
  三 研究思路与方法 ··· (11)
第一章 公私合作环境治理之基本概述 ····························· (15)
  第一节 公私合作环境治理的基本界定 ························· (15)
    一 公私合作环境治理之基本内涵 ························· (15)
    二 公私合作环境治理之基本类型 ························· (25)
    三 公私合作环境治理之成立要件 ························· (30)
  第二节 公私合作环境治理的基本功能 ························· (35)
    一 减轻国家环境行政和财政压力 ························· (35)
    二 提升国家环保和行政执法成效 ························· (37)
    三 优化程序调和环保与经济冲突 ························· (40)
  第三节 公私合作环境治理的现实动因 ························· (42)
    一 传统环境法面临环境风险的挑战 ······················· (42)
    二 新时代环境共治模式变革之需求 ······················· (47)
    三 公私合作因应国家环境职能转型 ······················· (50)
第二章 公私合作环境治理之法理分析 ····························· (55)
  第一节 环境公私二元论与合作治理的兴起 ··················· (55)
    一 环境公私权从二元分立到多元共治 ····················· (55)
    二 从环境管制革新到公私合作治理 ······················· (60)
  第二节 环境治理行为形式选择自由理论 ····················· (66)
    一 环境治理行为形式与裁量问题 ························· (66)
    二 公私合作治理中的自治性问题 ························· (70)

第三节 公私合作环境治理之担保责任理论 …………………（76）
　　一 担保行政与国家环境义务建构 ………………………（77）
　　二 自我规制与国家环境担保责任 ………………………（81）

第三章 公私合作环境治理比较与镜鉴 ………………………（84）
　第一节 大陆法系之公私合作环境治理 ………………………（84）
　　一 德国环境合作原则与担保责任 ………………………（85）
　　二 日本公私合作与公害防止协定 ………………………（88）
　　三 我国台湾地区之公私合作环境治理 …………………（93）
　第二节 英美法系之公私合作环境治理 ………………………（97）
　　一 美国的环境公私合作伙伴关系 ………………………（98）
　　二 英国PFI模式及环境法上运用 ………………………（101）
　第三节 两大法系之比较评析与展望 …………………………（105）
　　一 评析：基于功能主义视角分析 ………………………（106）
　　二 展望：挑战及进一步发展空间 ………………………（108）

第四章 公私合作环境治理之实践考察 ………………………（115）
　第一节 公私合作环境治理之实践模式 ………………………（115）
　　一 公私合作实践模式之类型分析 ………………………（116）
　　二 环境法上公私合作之实践模式 ………………………（120）
　第二节 公私合作环境治理之实践样态 ………………………（125）
　　一 公私合作环境治理之组织创新 ………………………（125）
　　二 公私合作环境治理之任务私化 ………………………（131）
　　三 公私合作环境治理之程序再造 ………………………（134）
　第三节 典型考察：以社会源废弃物为例 ……………………（135）
　　一 政府信息披露模式：困境与症结 ……………………（136）
　　二 两种信息获取模式：比较与选择 ……………………（142）
　　三 信息获取综合模式：合作模式 ………………………（147）

第五章 公私合作环境治理之法律规制 ………………………（153）
　第一节 公私合作环境治理法律规制需求 ……………………（153）
　　一 公私合作环境治理与法治的关系 ……………………（154）
　　二 公私合作环境治理法治现状反思 ……………………（158）
　第二节 公私合作环境治理法律规制定位 ……………………（160）

一　环境职能定位和权力配置法定 …………………………（161）
　二　环境主体多元化与组织法拓展 …………………………（164）
　三　环境治理过程的交互性及依归 …………………………（166）
第三节　公私合作环境治理法律规制展开 ………………………（168）
　一　环境法规则限定公私合作范围 …………………………（168）
　二　均衡公私合作环境实体性利益 …………………………（170）
　三　强化公私合作主体的信息公开 …………………………（172）
　四　司法审查技术的跟进与完善 ……………………………（174）

结束语 …………………………………………………………………（179）
参考文献 ………………………………………………………………（181）
后记 ……………………………………………………………………（198）

引　言

一　研究背景与意义

（一）研究背景

在工业社会或阶级社会，传统环境法所调整的法律关系主要体现为一种单向的"权力—权利"对峙关系。与之相应的是，环境治理体系是一种"命令与服从""有权和无权"的单一威权体系。在环境治理实践中，政府居于中心地位，唱独角戏，拥有绝对的控制权，政府享有的权力明显优于其他社会权力（权利）。这种环境治理体系，通常是从法安定性的角度出发，强调权力行使的支配作用和法律的终极效果，即通过环境管制手段对强势的环境侵权行为主体予以法律制裁，同时运用权力的保障手段对弱势的被侵害主体加以法律保护，从而达到社会环境利益的总体平衡，维持法律秩序的稳定。因此，传统环境法遵循着这样一种法治定律：对强势环境权力采取逆向限制，对弱势公民环境权利予以正向保护。

对于环境损害问题，近年来越来越多国家的环境法律持续转型发展，已经突破以往重视损害赔偿的措施，而是进一步注重对法律责任的追究，转向回避损害的方向发展，环境法律制度的建构和设置更加重视预防措施。同时，通过环境权力与权利的合理配置，明确环境法律责任的分配机制，进一步形塑环境法律治理体系。因此，传统强调事后管制的治理思维，在环境法治转型发展的新时代，明显存在诸多方面的掣肘。特别是自贝克系统地提出了风险社会理论之后，学界对社会安全问题日益关注，也愈加强调应对风险的预防原则和事前防御措施。

有关研究表明：环境风险具有不确定性、模糊性与客观性等特点。同时，因风险诱发的环境危害通常具有一定的潜伏性、长期性与面源性等特点。传统政府环境执法侧重于采取事中、事后审查方式，强调对侵害行为的事后法律制裁。实践中，普遍存在的问题是：一方面，政府执法力量有限，执法成本偏高、执法频率偏低，无法因应风险社会中环境问题快速解决的现实需求；另一方面，由于环境行政决策的合法预期机制尚未引起重视，整体治理的理念缺失，预防型监管手段不足，极大制约了政府应对环境风险的能力。实践证明，传统的环境治理模式难以充分保障公民环境权利的合法行使，过分依赖于政府单方的、强制的环境规制措施和手段，难以有效应对日益增多的环境风险和日新月异的新时代发展需求。

贝克、古斯登等学者认为，环境风险及其导引的风险社会，导致了经济社会发展的不确定性问题，导致一个"风险共同体"（risk community）的产生和发展。这个风险共同体的成员来自政府、产业界、工会、公众及其代表，[1][2] 从某种意义上说，风险共同体应该将所有人群加以覆盖。美国学者杜兰特、弗罗林等认为，在传统规制模式面临挑战时，如何建构和选择合适的环境规制模式，应该更加尊重公众的意见。[3] 显然，关注不同环境利益方的权利，赋予公民、企业、社会团体等主体性权利，共同参与环境治理是环境治理模式变革的方向，目前已经得到了学界不少学者的高度认可。日本著名环境法学者原田尚彦认为，地方公共团体最适合承担公害行政的第一性责任地位；[4] 大须贺明教授指出，国民对国家可以请求其保护良好环境的权利。[5] 又如，美国学者丹尼尔等研究认为，应将环境非政府组织、社会团体、企业等社会组织纳入环境治理过程，推动环境规制模式的变革。[6]

---

[1] Beck U., "Critical Theory of World Risk Society: A Cosmopolitan Vision", *Constellations*, Vol. 16, No. 1, 2009, p. 22.

[2] Adam B., Beck U. and Loon V. J., *The Risk Society and Beyond: Critical Issues for Social Theory*, London: Sage, 2000, p. 89.

[3] Durant R. F., Fiorino D. J. and O'Leary R., "Environmental Governance Reconsidered", *Journal of Politics*, Vol. 67, No. 3, 2004, pp. 939-941.

[4] [日] 原田尚彦：《环境法》，丁敏译，法律出版社1999年版，第97页。

[5] [日] 大须贺明：《生存权论》，林洁译，法律出版社2001年版，第199页。

[6] Fiorino D. J., *The New Environmental Regulation*, Cambridge: The MIT Press, 2006, p. 189.

对此，本书结合贝克和上述学者的相关研究成果，着眼于阶级社会向风险社会转型过程中环境公私合作及其环境公权力优化等问题，拟就跨越个人自由与社会秩序、民主政府与法治社会、国家权力与公众权利之间的利益鸿沟，构建新型环境治理团结共同体[①]和公私合作环境治理共治体系提出一些粗浅看法。

(二) 研究的意义

1. 理论意义

利用社会主义政治决策与法律制度优势，发挥企业和公民社会组织在法治社会建设中的积极作用，持续推进政府、市场与社会组织在国家治理体系中达成共治，是党和政府在长期的社会主义建设中总结提炼的重要转型命题。现代工业社会中，以环境、安全和健康等为表征的公共风险日益突出，为预防和控制此类风险，需要环境法律体制机制做出深刻的调整变革。本书旨在反思我国传统控权式环境管制，同时，为更好发挥公民社会组织在生态文明的法治建设中的作用，研究将公民社会组织纳入环境法治体系中，创新公私合作开展环境治理的新模式，并在此基础上探寻公民社会组织参与环境法律规制的良性互动机制。

2. 实践意义

提出公众参与、企业自治、政府管制等多样化、多层次的公私合作环境治理体系，以及公众、企业和政府等多元主体合作参与的环境规制机制，为全方位回应环境法律规制秩序和各类群体的利益诉求提供可行方案。

从立法、执法、司法等方面为实施公私合作环境治理寻找科学的法治定位。同时，为推进政府环境治理职能定位及其权力配置的法定化，拓展环境行政主体类型并推动环境组织法改革。进而完善环境行政正当程序，强化公私合作主体信息公开，建立多元纠纷解决机制，强化司法审查功能等，为政府环境治理提供决策参考依据。

改革开放以来，我国公私合作环境治理在不同领域得到了广泛应用，但相较于西方发达国家，环境法学上公私合作方面的立法明显滞

---

① [德] 乌尔里希·贝克：《风险社会》，何博闻译，译林出版社2004年版，第48页。

后，针对性的公私合作环境治理执行监督和司法审查制度严重缺失，相关案件纠纷仍然存在诸多争议，直接影响了公私合作环境治理的良性发展，也不利于环境法治秩序的稳定。可以预见，公私合作环境治理在未来法治发展中只会日趋多样化和普及化，而绝非一种过渡性法律现象。为适应这一发展趋势，亟待对公私合作环境治理的理论前沿和实践问题做进一步拓展研究，尽早将之作为我国环境法治的重要主题。

二 研究现状与评析

（一）国内外相关研究现状

1. 国外研究

20世纪中后期，欧美法治发达国家蓬勃兴起以公私合作、公私协商、公私共治为基本特征的法律治理机制，并引发学界对法律规制模式的变革问题的探讨。[①] 传统上，控权式法律规制模式逐渐演变为：以实现公私合作共治为终极目标，以制约规范公权力为主要内容，以倡导协商合作为基本导向的公私合作治理模式。[②]

将公私合作开展环境治理模式引入法学领域，旨在探讨由环境公部门与私经济主体之间开展密切合作关系，建立多样的环境合作法律关系，形成多元多层级的环境规制机制，促使环境法治建设能够取得更好的实施效率，[③] 从而有效提升国家环境治理能力，完善国家环境治理体系。新的环境治理模式引发了新的环境法律规制议题的探讨，对此，学者们重点从环境合作治理的主体、合作治理的结构、合作治理的工具等方面探讨环境规制模式的变革问题。

第一，治理主体的选取问题。日本学者原田尚彦认为，环境法最终的课题，是通过居民的参加，提供民主地选择环境价值的现实与其他的

[①] Stewart R. B., "The Reformation of American Administrative Law", *Harvard Law Review*, Vol. 88, No. 8, 1975, pp. 1667-1813.

[②] Freeman J., "Collaborative Governance in the Administrative State", *Social Science Electronic Publishing*, Vol. 45, No. 1, 1997, pp. 1-98.

[③] Fiorino D. J., "Rethinking Environmental Regulation: Perspectives on Law and Governance", *The Harvard Environmental Law Review*, Vol. 23, No. 2, 1999, p. 15.

基本人权的调和的法律结构，创造出能够把环境价值也考虑进来，谋求国民最大福利的社会制度。他还认为，就环境公害防治来说，地方公共团体是最适合承担公害行政的第一性责任地位；① 美国民营化大师萨瓦斯从现实压力、经济、意识形态、商业等方面的动力和平民主义的影响等角度分析认为：民营化发展方向已经不可逆转，公私伙伴关系则意味着公共和私营部门共同参与生产和提供物品与服务的任何安排；② 著名公法学家弗里曼教授则直接以美国一些环境实例为分析对象，她研究认为，传统的环境规制措施无法体现主体的规制理性和责任性，针对此，弗里曼教授试图确立一种以目标为导向，以公私合作为内容，以主体理性、责任性和正当性为依归的合作治理模式；③ 此外，学者卡尼尔等研究认为，应将环境非政府组织、社会团体、企业等社会组织纳入环境治理过程，推动环境规制的变革。④

第二，治理结构的内外部关系。德国著名公法学家毛雷尔教授提出了间接国家行政的概念。他认为，国家可以不通过自己的行政机关自行执行行政任务，而是授权或者委托其他法律上具有权利能力的组织执行，这些组织主要包括乡镇、公法团体、公法设施和公法基金会等行政主体和机构，他们与国家共同执行国家行政任务。⑤ 德国公法学者沃尔夫等从公共行政的组织形式角度同样研究了间接国家行政问题。他认为，间接国家行政仍属于联邦和州的直接行政法律关系。不同于地方行政主体、公务自治主体以及其他具有自主任务的独立行政单位。⑥ 美国著名公法学家弗里曼教授提出的合作治理结构及其规制模式，主要围绕

---

① ［日］原田尚彦：《环境法》，于敏译，法律出版社1999年版，第69页。

② Savas E. S. , "Privatization and Public - Private Partnerships for Local Services", *Chatham House*, Vol. 87, No. 1, 2004, pp. 21-23.

③ Freeman J. , "Collaborative Governance in the Administrative State", *Social Science Electronic Publishing*, Vol. 45, No. 1, 1997, pp. 1-98.

④ Kanie N. and Haas P. M. , *Emerging Forces in Environmental Governance*, Tokyo, NY and Paris: United Nations University Press, 2004, p. 108.

⑤ ［德］哈特穆特·毛雷尔：《行政法学总论》，高家伟译，法律出版社2000年版，第546—582页。

⑥ ［德］汉斯·J. 沃尔夫、奥托·巴霍夫、罗尔夫·施托贝尔：《行政法》（第三卷），高家伟译，商务印书馆2007年版，第212页。

联合解决问题与远离裁量权从而重新定位政府规制的方式。① 此外，美国学者豪尔特和他的同事专门研究了环境合作治理中公共空间物品博弈的合作演化问题。② 学者弗罗林则认为环境治理结构应该从传统的零和博弈格局转换到环境规制主体之间的共赢模式。③

第三，治理工具和方法的选择。美国环境法学者斯坦佐强调，从治理的工具选择上应该重塑环境治理模式，放弃传统的命令管制手段，回归到公民社会的自我管制；④ 桑斯坦则将成本收益分析方法看作简单实用的法律规制工具，以更好地评估环境规制措施的后果。⑤ 英国学者奥格斯将规制看作用来指称支撑社群体系的法律，区分为社会性规制和经济性规制。他认为，尽管关于"规制失灵"的论断也许是言之过早，但是，伴随着民营化的改革进程，规制同样需要进行变革，从而迈向更"理性的"社会性规制和经济性规制。⑥ 著名经济学家奥斯特洛姆等学者从经济学的角度，专门研究了许多环保组织及其集体行动和公共资源有关的合作、多元方法，并考察了这些方法对环境自然资源规制的影响和约束。⑦

第四，环境规制模式的变革。20世纪70年代，西方出现缓和规制或者去管制的改革浪潮，受此影响，环境法学界出现了缓和环境规制的学说。在具体环境法律实践中，出现了更细化环境立法，更多强调采取

---

① ［美］朱迪·费里曼：《合作治理与新行政法》，毕洪海、陈标冲译，商务印书馆2010年版，第35页。

② Hauert C., Holmes M. and Doebeli M., "Evolutionary Games and Population Dynamics: Maintenance of Cooperation in Public Goods Games", *Proceedings of the Royal Society B Biological Sciences*, Vol. 273, No. 1600, 2006, pp. 2565-2571.

③ Fiorino D. J., The New Environmental Regulation, The MIT Press, 2006, pp. 87-120.

④ Steinzor R. I., "Reinventing Environmental Regulation: the Dangerous Journey from Command to Self-control", *The Harvard Environmental Law Review*, Vol. 22, No. 1, 1998, pp. 103-202.

⑤ Sunstein C. R., *Risk and Reason: Safety, Law, and the Environment*, Cambridge University Press, 2004, p. 88.

⑥ ［英］安东尼·奥格斯：《规制：法律形式与经济学理论》，骆梅英、苏苗罕译，中国人民大学出版社2008年版，第2页、第337页。

⑦ Ostrom E., "Polycentric Systems for Coping with Collective Action and Global Environmental Change", *Global Environmental Change*, Vol. 20, No. 4, 2010, pp. 19-557.

经济诱因管制工具的观点,一种新型的环境治理模式被提出。如美国学者弗罗林从法律和治理的视角,反思美国的环境规制模式。① 佛西教授提出了合作型环境治理,提倡地方政府参与协商并执行环境管制模型。② 杜兰特、弗罗林等学者认为,面临传统规制模式的挑战,建构和选择合适的环境规制模式时,应该更加尊重公众的意见。③ 学者甘宁汉则认为,环境规制模式的定位,应该是建构一种新型的协同环境治理模式。④

2. 国内研究

国内对公私合作环境治理模式的研究主要集中在经济学、公共管理学等学科领域,相关研究的理论框架趋于成熟,取得了较为丰硕的学术成果。相较而言,法学领域的研究尚处于起步阶段。主要研究成果大致归纳如下。

第一,经济学的视角。基于对文献资料的分析,国内经济学界对环境治理及其环境治理模式的研究,无论是从研究的领域还是从研究的方法看,都取得了较为丰富的成果,值得法学学科借鉴。近年来,经济学界的相关研究又取得一些新的进展,如孙海婧博士从主体及其主体行为选择的角度,将地方政府、企业和社会公众视为地方层面的环境规制代际公共品的供给主体,试图从代际维度探讨三方主体行为选择的影响因素及其可能产生的代际后果。⑤ 王斌博士则详细地分析研究了环境污染治理中企业、地方政府、中央政府相互间的博弈关系,并试图提出构建

---

① Fiorino D. J., "Rethinking Environmental Regulation: Perspectives on Law and Governance", *the Harvard Environmental Law Review*, Vol. 23, No. 2, 1999, p. 15.

② Forsyth T., "Cooperative Environmental Governance", *Journal of China National School of Administration*, Vol. 25, No. 3, 2004, pp. 92-94.

③ Durant R. F., Fiorino D. J. and O'Leary R., *Environmental Governance Reconsidered: Challenges, Choices, and Opportunities*, MIT Press, 2004, p. 153.

④ Gunningham N., "Environment Law, Regulation and Governance: Shifting Architectures", *Journal of Environmental Law*, Vol. 21, No. 2, 2009, pp. 179-212.

⑤ 孙海婧:《地方政府环境规制中相关利益主体的互动关系》,博士学位论文,暨南大学,2010年。

环境规制模式的建议；① 还有学者基于最优契约设计视角，剖析地方政府的最优环境规制及其波动，讨论了当地居民作为第三方引入的作用。② 方永丽博士探讨了环境规制与生态效率的基本关系，她将生态效率作为衡量地区经济、资源和环境协调发展的核心指标，从提升生态效率的角度评判环境规制政策的效果，探索建设以生态效率为导向的环境规制政策。③ 夏欣博士从区域环境规制的角度，研究了东北地区环境规制对当地区域经济增长的影响。④

第二，公共管理学的视角。公共管理学界许多学者主要围绕环境治理的绩效，展开了一系列定性和定量的研究。如有学者研究了环境规制理论的分析基础、环境规制的变革、环境规制有效性检验、环境规制治理结构及其重构。⑤⑥ 还有学者基于演化博弈理论，研究探讨了地方政府环境规制决策的演化过程。⑦ 帖明博士从组织制度的视角，以区域环境规制对地方政府治霾行为逻辑进行了理论分析和实证考察。他认为，地方政府作为环境治理场域中的规制主管部门，为应对环境治理场域的各种压力所能采取的规制策略，以及中国式分权制度安排下的地方政府竞争对雾霾治理的重要的影响。同时，地方领导任职周期、个体特征与雾霾污染具有相互关系。⑧ 钟开斌教授以全面风险治理理论为基础，通过分析重大风险的基本特点，确定风险治理的基本任务，提出了一个

---

① 王斌：《环境污染治理与规制博弈研究》，博士学位论文，首都经济贸易大学，2013年。

② 李国平、张文彬：《地方政府环境规制及其波动机理研究——基于最优契约设计视角》，《中国人口·资源与环境》2014年第10期。

③ 方永丽：《中国环境规制对生态效率的影响研究》，博士学位论文，中南财经政法大学，2018年。

④ 夏欣：《东北地区环境规制对经济增长的影响研究》，博士学位论文，吉林大学，2019年。

⑤ 张红凤、张细松：《环境规制理论研究》，北京大学出版社2012年版，第10—42页。

⑥ 李红利：《环境困局与科学发展：中国地方政府环境规制研究》，上海人民出版社2012年版，第78页。

⑦ 潘峰、西宝、王琳：《地方政府间环境规制策略的演化博弈分析》，《中国人口·资源与环境》2014年第6期。

⑧ 帖明：《地方政府治霾行为逻辑：一个组织制度的视角》，博士学位论文，南京农业大学，2017年。

"想象力—敏感力—责任力—引导力—察觉力"的五要素风险治理能力过程性框架。①

第三，法学的视角。我国法学界对公私合作治理问题的思考和研究，主要涉及行政合作治理、环境行政规制、环境公共治理、环境治理模式等诸多方面。较早就有学者比较研究了中外环境行政管制问题，分析我国在市场经济条件下环境治理靠政府的必要性问题。② 而后，有学者提出了建立环境保护社会机制，实现环境管制和环境民主的交融和互动关系。③ 新近，一些青年学者对环境公私合作及其环境法律规制模式的研究有了新成果。在宏观层面，以现实主义的阐释方法，探讨环境公共治理范式的转换，分析威权环境治理的实践困境和成因，提出了"环境公共治理"的替代方案。④ 从环境治理的结构出发，研究认为环境规制失灵的根本原因在于环境规制中存在着三种结构性失衡，强调应从三个方面对环境法进行结构性的变革；⑤ 从环境治理模式的转换角度，研究环境管制模式向互动模式转变的背景下，环境污染第三方治理的理论基础、现实必要性及其制度路径等问题。⑥ 在微观层面，根据以污染控制和预防风险为导向的两种环境规制进路的差异，提出了环境风险合作规制的基本架构、正当性来源和理论基础。⑦ 聚焦于自愿性环境协议问题，将之视为协商行政相互匹配的手段，较为全面地梳理了自愿性环境协议的兴起、发展以及定位与特征。⑧ 以公私合作为目标，研

---

① 钟开斌：《重大风险防范化解能力：一个过程性框架》，《中国行政管理》2019年第12期。

② 杜群：《中外环境行政管制之比较》，《太平洋学报》1997年第3期。

③ 李挚萍：《环境法的新发展——管制与民主之互动》，人民法院出版社2006年版。

④ 杜辉：《环境治理的制度逻辑与模式转变》，博士学位论文，重庆大学，2012年。

⑤ 吴卫星：《论环境规制中的结构性失衡——对中国环境规制失灵的一种理论解释》，《南京大学学报》（哲学·人文科学·社会科学）2013年第2期。

⑥ 刘超：《管制：互动与环境污染第三方治理》，《中国人口·资源与环境》2015年第2期。

⑦ 李永林：《环境风险的合作规制：行政法视角的分析》，中国政法大学出版社2014年版，第145页。

⑧ 王勇：《自愿性环境协议：一种新型的环境治理方式——基于协商行政的初步展开》，《甘肃政法学院学报》2017年第3期。

究认为公私合作的运行机制和配套机制是环境治理模式创新的关键。① 此外，从行政法的角度，有青年学者结合中外学术成果，对公私合作的范畴、基石、主体、行为及其担保等问题做了较为全面深入地探讨研究。② 还有学者从行政法学理论基础之重构与应用的角度探讨了合作行政法问题；③ 以公共行政发展与行政法回应为基本线索，探讨公共行政改革中公私合作的兴起与行政法的回应。④

在我国台湾地区，一些知名环境法学者明确地提出了第二代环境管制问题。他们认为，环境议题固然具有浓厚的科技背景，但是环境管制也涉及利益分配，因此，如何妥善做好制度设计，让公众参与环境管制的各个阶段是亟待研究的课题；⑤ 更有学者直接指出，环境保护目标达成已由国家单方规制逐步转变为污染者自我环境管理方式来为之，此为环境法上合作原则之体现。⑥ 刘宗德教授大量引介日本的公私协力的相关研究成果，并形成公私协力与自我规制的学术体系，推动了我国台湾地区公私合作领域的研究。⑦ 詹镇荣教授长期精细耕作于民营化和公私合作法等研究领域。詹教授从其德国学术背景出发，很好地传承了德国公法学严谨实务的精神，在学术上不断自我磨砻砥砺，在公私协力和行政管制变革等方面的研究成果丰硕。⑧ 程明修教授从行政法改革的宏大主题出发，重点探讨了公私协力行为选择和改革问题。程教授认为，行政持续不断地承担新任务，或者夸大既有承担任务的范围，使得法律上传统的规制手段可能不再是绝对有效的规制方式。因此，必须建构合作协力形

---

① 徐海静：《法学视域下环境治理模式的创新：以公私合作为目标》，法律出版社 2017 年版。
② 邹焕聪：《公私合作（PPP）法律问题研究》，人民出版社 2017 年版。
③ 张治宇：《合作行政法——行政法学理论基础之重构与应用》，博士学位论文，西南政法大学，2016 年。
④ 杨靖文：《公私合作与行政法的回应》，博士学位论文，西南政法大学，2017 年。
⑤ 叶俊荣：《环境立法的两种模式：政策性立法与管制性立法》，《清华法治论衡》2013 年第 3 期。
⑥ 陈慈阳：《合作原则之具体化：环境受委托组织法制化之研究》，元照出版公司 2006 年版。
⑦ 刘宗德：《公私协力与自主规制之公法学理论》，《月旦法学杂志》2013 年第 6 期。
⑧ 詹镇荣：《公私协力与行政合作法》，新学林出版股份有限公司 2016 年版。

式等法律规制型态。① 此外，辛年丰博士基于环境风险引发国家环境职能的变迁问题，探讨环境风险背景下采取公私协力的基础理论和可行性问题，研究了公私协力运用的正当性、基本类型和程序建构等问题。② 王毓正博士通过对环境保护私化的模式研究，从组织层面、任务分配层面以及程序层面等对环境保护任务私化的具体模式进行了分析研究。③

（二）对现有研究的评析

上述研究为公私合作开展环境治理与环境法律规制变革研究提供了基础，但也存在如下不足：一是相关研究主要局限于经济学、公共管理学、社会学等相关学科领域，从法学角度研究合作治理与环境法律规制问题较少；二是学界对环境治理主体、治理结构和治理工具等方面虽进行了相关理论研究，但是对于如何构建环境治理的公私合作结构模型，如何指引公私合作环境治理模式的创新研究不够深入；三是对于公私合作环境治理模式的创新，无论是宏观还是微观方面，都只是提出了初步的理论研究框架，欠缺法学实证研究和对策性研究。

就法学研究而言，不难看出，现有成果在吸收原有环境法治理论和实践的基础上，取得了一定进步，但在维持既有理论的解释力与回应实践发展需求之间仍然存在较大差距。学界尚未真正重视公私合作开展环境治理模式的理论和实践创新。而当公共治理模式取代国家管理模式成为环境治理的主导模式时，拘泥于传统的法学研究思维定式，会使环境治理模式越发暴露出致命缺陷。

三　研究思路与方法

本书的研究主要回答了以下三个方面的命题：一是为什么需要公私合作环境治理？二是公私合作环境治理中公权与私权的边界及其限度在哪里？三是如何将公私合作环境治理纳入法治化的轨道？

对于第一个命题，主要通过理论研究和实践探析，分析在公私合作

---

① 程明修：《行政行为形式选择自由——以公私协力行为为例》，《月旦法学杂志》2005年第5期。

② 辛年丰：《环境风险的公私协力：国家任务变迁的观点》，博士学位论文，台湾大学，2013年。

③ 王毓正：《论国家环境保护任务之私化》，《月旦法学杂志》2004年第1期。

的时代背景下,将其引入环境治理的必要性、可行性以及有效性。

第二个命题是贯穿全文的核心问题。针对这一核心问题,主要借用规范主义和功能主义的法学方法,厘清二者的权限关系。申言之,是运用传统规范主义控权模式,强调在法治国理念的约束下,明确二者的法定权限及其合法运作空间。同时,运用功能主义的建构模式,希望能够充分发挥二者的合作空间,促使二者合作模糊地带的自我生长。

第三个命题即对公私合作环境治理的法律规制问题,本书将从法律规制需求、法律规制定位、法律规制展开三个方面分析公私合作环境治理法律规制逻辑进路,为建构新型的环境治理模式,重塑环境共治秩序,全方位为各类群体的环境利益诉求提供可行方案。

本书理论研究与逻辑思路的展开主要以合作治理理论为理论基石,涉及国家与社会、风险社会、公共治理、规制与治理等前沿理论问题,借助下述主要研究方法,重点研究政府、企业、公众等环境共治体系建构与运行的必然性、应然性、必要性、实然性、实效性。具体研究方法和技术路线如下:

1. 系统分析法

一方面,环境问题及环境治理有强生态系统依赖性,必须充分契合生态的系统性特点;另一方面,环境问题的复杂性、相关性、公共性等诸多特点,决定了环境治理目标的实现,必须注重共治,尤其是在系统要素的协同互助中加以解决。因此,在研究方法中,充分凸显"系统分析"的路径依赖。同时,注重运用交叉学科的研究方法,公私合作环境治理问题涉及管理学、环境科学、系统科学、历史学、社会学、经济学、法学等不同交叉学科。因此,需要注重从"体系建构与运行"的视角设计环境治理方案,彰显环境治理方案体系化的优势。借助多学科综合交叉研究,提升法学研究视角广度的同时,充分运用较为成熟的合作理论及系统分析方法,保证研究成果的深度。

2. 规范分析法

公私合作环境治理问题作为一种现代治理的理念或者法治范式,仍然建立在现有正式的成文法律规则和法律原则基础之上。结合公私合作环境治理的相关典型案例,探究我国现有环境法律规定中的法律条文规定,分析相关立法、执法和司法依据的背后因素,将此要素的法律规范分析回应到相关法律制度层面，既要重视法律规范的制度与程序的设计问题，又要掌握这些法律规范背后所隐含的法律政策和策略考量。从而形成法律规范分析法的三层次结构，即法律规范政策与策略的考量会影响到制度与程序的设计，而制度与程序面向的设计也会影响权利与救济面向。[①] 同时，在宪法和法律框架下，找寻公私合作环境治理现行的法律渊源和效力层级问题，对传统环境法学的价值取向和调整方法进行审慎的反思。以此，更好地推动从环境管理走向环境治理，走向体系化的环境治理，对公私合作环境治理体系的应然性变革进行设计与论证。

3. 比较研究法

通过比较分析日本、德国以及我国台湾地区等大陆法系的公私合作环境治理，梳理英美法系的民营化、PFI及其在环境治理中的具体做法和实施机制，结合一些典型案例，分析研究当今两大法系的环境治理机制的建构与运行原理、基本制度。环境问题是一个公共产品问题，是全球共同面临的问题。其中，环境治理中普遍存在环境利益的公共性、环境问题的公害性、环保运动的公众性，环境所涉领域的跨区域性与全球化等问题。无疑，这些环境治理问题的存在决定了"环境管理"到"环境治理"的转型要彻底。为构建党委领导、政府主导、企业主体、社会组织和公众共同参与的现代环境治理体系，[②] 必须借助比较分析法，研究不同类型主体（政府、企业、社会组织、公众）乃至市场在环境治理中的功能发挥及其内在缺陷；比较分析这些国家和地区在环境治理中的不同做法及其各自优势；比较分析以不同主体为中心的治理体系的运作优势与不足；从而在取其所长、避其所短中，优化我国公私合作环境治理体系的建构与运行。

4. 本土化实证分析法

强调"中国国情与中国语境"、解决"中国问题"。公私合作环境治理体系的设计与建构，只有在回应社会需求中，经过实践的运行与检验，才能真正充分"成活"。回应社会需求，需要对公私合作环境治理

---

① 叶俊荣：《行政法案例分析与研究方法》，三民书局2003年版，第41—45页。
② 2020年3月3日中共中央办公厅、国务院办公厅印发了《关于构建现代环境治理体系的指导意见》。

体系重新设计与再问题化，以使其能适应"中国国情与中国语境"。实践的运行与检验，需要公私合作环境治理体系的运行能解决"中国问题"。为此，实证的考察研究不可或缺。本书旨在设计、建构与运行契合中国国情、科学发展的环境共治体系，通过实证调研与评估，充分掌握公私合作环境共治体系建构与运行境况，实证评估该法律体系的运行在环境、经济、社会等方面的实效，适时调整公私合作环境共治体系设计与运行中的"不宜或不能"的目标设想，及时对接国家与社会对环境共治体系的设计与运行提出的需求。从而在必然—应然—必要—实然—实效的循环递进中，使政府、企业、公众等环境共治体系建构与运行真正成为环境治理体系与环境治理能力的重要推动力，成为我国国家治理体系与治理能力现代化的重要组成部分。

第一章 公私合作环境治理之基本概述

本章基于法治现实主义的立场，主要从法律性质、核心功能和内在要求三个方面对公私合作环境治理内涵予以揭示。就其法律性质而言，集中体现了环境人民主权原则，而非限于民主参与原则，建构科学合理的政府、企业与公众的治理权力结构制度，是落实公私合作环境治理的人民主权原则的具体体现。就其核心功能而言，意在追求环境治理机制的融合，避免环境利益的失衡。环境共治秩序的塑造，离不开法治体系与政府管理主义、市场理性主义与社会参与主义三重治理机制的相互融合。就其内在要求而言，不限于多元环境利益的法律表达，而是指向以环境利益平等配置、保护公民权利为核心意涵的现代环境治理格局。作为一种创新性环境治理机制，公私合作环境治理成立要件包括主体要件、实质要件、行为要件和责任要件，这些成立要件构成了一个逻辑自洽体系，体现出公私合作环境治理的显著特质，明显区别于行政法上的公私合作机制。

第一节 公私合作环境治理的基本界定

一 公私合作环境治理之基本内涵

（一）法学视野下公私合作环境治理

1. 公私合作的兴起

随着经济社会的转型发展，传统的公法学面临着根本性的变革，改革呼声不断。从行政法学角度看，传统政府正处于从"警察国家"到"法治国"，再到"社会法治国"的转型过程中，其所承担的行政任务呈现逐渐扩大的趋势。立基于此，为保障民生福祉和实现社会公益，行政机关持续不断地承担新的任务,大大拓展了原有的行政管制范围。放眼现有的行政管制领域,传统的行政高权管理手段不再是绝对有效的规制方式,甚至在某些领域政府规制能力出现力所不逮之趋势。因此,有必要对传统的行政管制模式进行根本性改良,建构公私合作的方式,寻求与行政相对人合作,以实现行政规制的目的。质言之,行政公私合作方式的兴起及其政府规制变革已成为现代行政法发展的基本特征。

与此同时,随着现代行政改革持续推进,各国政府纷纷削减行政成本支出,进行行政组织机构瘦身。同时,政府为增强民间活力与市场活力,普遍出现缓和政府规制的改革动向,基于这样的改革契机,西方国家行政公私合作的理论和实践得到了长足发展。与各式各样行政变革与财政改革口号相比较,公私合作及其相关理论研究,无疑为学界提供了一个重新检讨公法学一般理论框架的分析视角。诚如学者所言,倘若以公私合作为关键词,那么,就能从更广阔的视野考察分析行政和财政改革动向,并对其附加一定的条件与界限。从这个意义上看,无疑公私合作具有十分重要的价值,并成为现代公法学的重要研究主题。①

2. 公私合作概念的理解

仅仅是从字面意思而言,大概能够较好理解公私合作的基本词义。但是,如何从法学的角度,进行科学严谨的界定,似乎并不是一件容易的事情。甚至有学者感叹:即使援引法学名言,阐述定义公私合作,仍可能被视为一种"以针将布丁缝合于墙上"②的徒劳尝试。然而,学界对公私合作定义的探索从未停滞,将公私合作视为一种被制定化的现象,已在全球环境治理中成为一股不可阻挡的洪流。公私合作涉及多学科的结合性、交叉性概念,由截然不同性质的法律规范组合而成。将公私合作导入法学领域,既是一个法学创新性概念,也因其概念属性难以把握,增添了学界研究难题。但无论如何,并不能因此认为由公私合作所引发的相关法律关系问题,并无解决的必要性。

---

① [日] 山本隆司:《日本公私协力之动向与课题》,刘宗德译,《月旦法学杂志》2009年第9期。

② [德] 扬·齐科:《从德国宪法与行政法观点论公私协力——挑战与发展》,詹镇荣译,《月旦法学杂志》2010年第5期。

就"公私合作"（Public Private Partnership，PPP）而言，的确不存在单义性的概念，它能运用在各种截然不同的情境中，因此，一些英文文献通常将之视为复数，表述为 Public Private Partnerships。但即便如此，为强调公私合作构想之方针性内涵，也会以单数形式表述公私合作，也具有正当性。从本质上看，公私合作应可完全被理解为国家理念变迁之一种表征。对此，可进一步阐述如下。

毫无疑义，公私合作是一个跨学科、跨领域的现象，在法学领域具有极为广泛的意涵，学界较为主流的看法是：对公私合作应作进一步细致的阐述。他们认为，首先明确公私合作仅仅表示一种工作概念而已，而非实质内涵的揭示。对此，德国联邦公私合作专案小组与地方自治团体首长联合会所合编的手册，对公私合作概念这样表达：公私合作指通过公部门与私经济之间长期合作，使得公共基础建设项目较以往更有效率。其特色在于，主要以整合现实生活为考量。例如，一项环保不动产设施之规划、兴建、营运、资助以及利用，整体上将达到最佳化之程度。重要之成功准则，乃立基于适当风险分担之上的合作思维。

3. 主要学说之述评

美国学者萨瓦斯被誉为"世界民营化大师"，他主要从民营化的角度，阐述和理解现代社会中公部门①与私部门之间的合作伙伴关系。他认为，公私伙伴关系可界定为政府和私人部门之间的多样化的安排，其结果是部分或者传统上由政府承担的公共活动由私人部门来承担。民营化运动的主要推动力量包括五个方面：现实压力、经济推动力、意识形态、商业动力和平民主义的影响。他还认为，公私合作可以采取多种形式，签订合同由私营公司承办垃圾收集处理；由政府授予特许权，由私营公司资助、建设公共设施，郊区居民自愿参加消防工作等，都在体现和实践民营化的形式。②

刘宗德教授研究认为，所谓"公私合作"是指公组织与私主体之间

---

① 本书所指"公部门""公组织"属于同一范畴，这两个概念均包括政府和法律法规授权的公权力组织。

② ［美］E. S. 萨瓦斯：《民营化与公私部门的伙伴关系》，周志忍等译，中国人民大学出版社 2002 年版，第 4—5 页。

持续实施的,且具有生命周期取向性的合作。① 在这种合作的框架下,公组织与私人主体为达成双方共同目标,通过签订正式协议方式约定双方合作目标或者预期成果,以实现合作的效率并分担合作风险。公组织基于双方的合作协议受到实质性资金资助,使得公共任务的执行不再依赖单纯的财政资助,但是需要承担公共任务执行的担保责任,这就是刘宗德教授所谓的"公私合伙关系"。

詹镇荣教授长期致力于对现代行政法治变革问题研究,特别关注管制行政与民营化改革等研究主题,对公私合作问题有较为全面系统的研究。② 他认为,对于建构行政合作法为目的取向的公私协力概念,应采取限缩性的理解为宜,也即应以公私双方在"自愿"以及"责任分担"的基础上,形成法律合作关系为限。他建议:应更精致地将公私合作概念表述为"国家高权主体与私经济主体之间本于自由意愿,透过正式的公法或私法性质之双方法律行为,抑或非正式的行政行为形塑合作关系,并且彼此为风险责任分担的行政任务执行模式"③。

章志远教授认为:"公私合作实践在当代中国社会转型时期不断涌现,使得传统行政法学面临整体性和结构性的挑战。"为迎接这样的挑战,章志远教授提出"公私合作治理"的概念。他认为,这个概念能够有效涵摄不同公共行政领域和行政过程中私人履行行政任务的复杂样态。"公私合作治理"更加强调公共部门与私人部门相互合作的过程及其关系的塑造,能够因应各领域、多层次社会治理的现实需要,应被视为更具包容性和解释力的基本概念。④

邹焕聪博士认为,所谓的"公私合作"也可称为"公私协力""公私合作关系""公私协作""公私合作制""公私伙伴关系""政府与社会资本合作"等,就是指公共部门(国家、政府及其机关)与私人部门(纯粹意义上的私法企业、社会组织甚至私人等)为了实现公共任

---

① 刘宗德:《公私协力与自主规制之公法学理论》,《月旦法学杂志》2013年第6期。
② 詹镇荣:《民营化法与管制革新》,元照出版公司2005年版,第59页。
③ 詹镇荣:《公私协力与行政合作法》,新学林出版股份有限公司2016年版,第8—11页。
④ 章志远:《迈向公私合作型行政法》,《法学研究》2019年第2期。

务而采用的各种契约和非契约合作关系的总称。他采取较为开放的法学研究态度,认为既要研究那些不具有法律效果的合作关系和状态,也要研究那些具有法律意义的合作关系和状态。①

(二) 环境法学视野下之公私合作

1. 公私合作引入环境法

尽管行政法学界在研究公私合作问题时,往往会专门论述环境方面的实施问题。然而,令人遗憾的是,环境法学界至今仅仅只有为数不多的学者专门将有关公私合作的成熟理论研究成果引入环境法学领域之中。通过查阅文献资料可知,环境法学者极少明确提出"环境公私合作"或者"公私合作环境治理"等概念。

事实上,环境公共任务具有高度的公益性和科技性特点,在诸多方面完全不同于一般公共行政任务。通常,从行政法的角度研究分析公私合作理论,主要是从政府的角度考量法律规制需求,吸纳公众参与公共任务,以期消弭日益扩张的行政任务与有限的行政资源之间的紧张关系。在环境法上引入公私合作理论,并非仅仅基于政府环境规制的需求,其出发点主要有两方面的考量:一方面,政府环境主管部门引入公私合作方式,有利于消弭日益增长的环境规制需求与环境行政资源的紧张关系;另一方面,从私人主体角度看,企业和公众利用其资金和专业知识优势实施环境治理行为,亦可获得经济上的利益或者国家政策上的优惠。因此,公私合作环境治理堪称环境上国家与社会的"共赢机制",环境法的公私合作不仅需要着眼于政府,也需要考虑到私主体需求,二者居于对等的地位。对照分析行政法和环境法上的公私合作关系,不难看出,由于行政权的不可转让性和法安定秩序的价值需要,一般而言,行政法上公私合作关系是一种行政参与关系,而环境法上的公私合作,则主要表现为一种环境合作行为关系。因此,从法律的本质属性分析,行政参与行为显然不同于环境合作行为,公私合作环境治理行为明显不同于行政公私合作行为。

当然,并非环境法学者不重视环境法领域的公私合作问题的研究,恰恰相反,近年来,公私合作概念及其相关理论和基本策略在环境法或

---

① 邹焕聪:《公私合作(PPP)法律问题研究》,人民出版社2017年版,第27页。

者环境治理的实践得到广泛的重视。现存的学说及其相关成果虽然谈不上丰富，但是学者们已经开始关注环境治理中公私合作或者民营化等相关理论与实践问题，并对其中一些重要的法律关系及其引发的法律争议展开积极研究，取得了一些初步成果。[①] 不过令人遗憾的是，这些理论研究成果尚未真正触及公私合作环境治理问题的实质，一些重要概念尚待厘定、相关法律关系有待梳理，法律程序和基本制度尚未形成完善的体系，与现实的环境法治需求存在较大差距。

2. 主要学说及述评

尽管环境法学界较少使用"环境治理的公私合作"或者"公私合作环境治理"等概念，但是值得注意的是，许多学者对环境公权力与环境私权利的合作治理关系，合作原则与多元共治等问题，展开了相关理论研究和实践分析，取得了较为丰富的环境合作理论学术成果。对中外主要学说述评如下。

其一，合作治理说。蒂姆·佛西是该学说的典型代表，他将合作型环境治理看作一种解决性政策策略。他从广义角度分析，认为合作性环境治理是一种融合工业、公民群体或者地方政府的探讨、协约以及一系列的正式以及非正式的管理的治理类型。学者格拉斯伯根等赞同蒂姆教授的提法，他们认为，合作型治理也可以被看作在公部门与私人之间建立的伙伴关系，合作型环境治理与公私合作的伙伴关系都是形成环境政策的有力政策手段。通过这些手段可以减轻公司投资的冲突，从而使得这一投资可以符合地方社会政策及基础环境治理架构的需求。毫无疑问，合作型环境治理与公私合作的伙伴关系是私营化和政府权力下放的全球范围的大趋势。蒂姆·佛西还研究认为，尽管关于合作型环境治理的定义尚不清晰，但这种合作型治理与地方政治参与、政治文化及环境治理相关。[②] 我国青年学者杜辉博士根据公民与公共行政权力之间的互动程度，将公共事务的治理之道划分为四种模式。他认为，多中心的治

[①] 徐海静：《法学视域下环境治理模式的创新：以公私合作为目标》，法律出版社2017年版；吴凯：《中国环境法上合作原则的演化路径与治理功能》，《南京工业大学学报》（社会科学版）2016年第2期。

[②] ［英］蒂姆·佛西：《合作型环境治理：一种新模式》，谢蕾摘译，《国家行政学院学报》2004年第3期。

理既强调国家与社会合作,也强调社会自治和非政府的公共权威。① 邓可祝认为,随着企业社会责任理论、治理理论、合作性司法理论的兴起,环境治理越来越重视通过合作来实现环境善治,合作型环境法因此应运而生。合作型环境法重视不同主体之间的合作,利用非强制性机制来促进环境治理,在最小成本的基础上实现环境保护效益的最大化。②

其二,合作原则说。德国公法学家罗尔夫·施托贝尔教授认为,合作原则的目标是使尽量广泛的社会群体参与环境保护目标和措施的制定和实施过程中。③ 叶俊荣教授研究认为,在环境立法上应确立"合作协同原则",合作对象不但包括个人、社会团体,还有政府,即使政府机关内部也须有合作观念,只有在法律规范中设立合作协同原则,才能有效结合所有环保力量,发挥最大的效率。④ 陈慈阳教授认为:"广义的合作原则,是指包括政府、人民、产业界等所有环境使用者,都应该负有保护环境的责任。更进一步讲,在环境保护领域中国家与所有社会力量必须共同合作。"⑤ 汪劲教授认为,环境法上的协同合作原则,是指以可持续发展为目标,在国家内部各部门之间、在国际社会中的国家(地区)之间,重新审视既得利益与环境利益的冲突,实行广泛的技术、资金和情报交流与援助,联合处理环境问题。⑥ 吴凯博士则认为:"中国环境法上的合作原则当属政策性原则,其理想形态应当是一种基于最广泛社会动员的合作。……这种合作的真谛是一种法律保障之下的,国家与公民处于高密度、高质量互动过程中的良好治理。"⑦

其三,多元共治说。该学说对"多元主体"的界定,主要是从政

---

① 杜辉:《环境公共治理与环境法的更新》,中国社会科学出版社2018年版,第17—26页。

② 邓可祝:《重罚主义背景下合作型环境法:模式、机制与实效》,《法学评论》2018年第2期。

③ [德]罗尔夫·施托贝尔:《经济宪法与经济行政法》,谢立斌译,商务印书馆2008年版,第38页。

④ 叶俊荣:《环境政策与法律》,中国政法大学出版社2003年版,第92—93页。

⑤ 陈慈阳:《环境法总论》,中国政法大学出版社2003年版,第189页。

⑥ 汪劲:《环境法律的解释:问题与方法》,人民法院出版社2006年版,第319页。

⑦ 吴凯:《中国环境法上合作原则的演化路径与治理功能》,《南京工业大学学报》(社会科学版)2016年第2期。

府与企业两大环境治理主体为视角，认为现代社会的生态环境问题，需要政府、企业和社会其他主体发挥各自的优势，采取协商合作等方式加以解决。他们认为，多元环境治理体系应走政企共治路径，将多元共治的理念具体应用于地方实践，探索具体环境问题的制度解决机制，这样能够有助于实现环境治理的现代化。[①] 也有学者从社区环境治理多元共治的角度，研究提出了建构基于政府、企业、社区居民、社区组织和环保非政府组织等多元共治的社区环境治理架构。[②] 持该学说的学者，在对何谓的"多元主体"、如何进行环境治理的"多元共治"等问题，相关研究争议颇多，各自的观点存在明显的差异，导致相关的论证还欠缺一些严谨、科学的考证，因此，该学说尚未形成有影响的学术观点。

（三）公私合作环境治理基本内涵

1. 基本性质：体现人民主权原则，而非限于民主参与原则

就基本法律性质而言，我国公私合作环境治理指在人民主权原则的指引下，公私双方主体平等合作，实施环境合作行为。显然，人民主权原则不同于民主参与原则，环境合作行为亦不同于环境参与行为。[③] 尽管存在内在的关联性，但是决不能混同二者之间的本质差别。从法学角度看，环境合作行为与环境参与行为存在着显著的差别。

本书认为，依据我国宪法规定，公私合作环境治理的人民主权原则，主要具有两个面向：一方面，从公民的角度看，我国公民以自己的名义实施环境治理，既是公民享有宪法法律规定法定权利的基本形式，也是宪法法律规定公民应该履行环境保护义务的体现，二者是有机的统一，密不可分；另一方面，从政府的角度看，政府在环境治理过程中要转换思路，应当及时改变传统的"全能型家长主义"环境管制模式，善于运用"合作型调和主义"环境治理模式。当然，需要强调的是，

---

① 梁甜甜：《多元环境治理体系中政府和企业的主体定位及其功能》，《当代法学》2018年第5期。

② 栗明：《社区环境治理多元主体的利益共容与权力架构》，《理论与改革》2017年第3期。

③ 陈春生：《行政法上之参与及合作——行政程序法对此的回应与面临的挑战》，载陈春生《行政法之学理与体系》（二），元照出版有限公司2007年版，第63—90页。

环境合作共治行为并非表示政府可以免除应负的环境担保责任。①

建构科学合理的政府、企业与公众的治理权力结构制度，是落实公私合作环境治理的人民主权原则的具体体现。我国在环境治理方面，已经孕育了独特的权力结构样态，②那么，如何具体建构公私合作环境治理独特的权力结构？笔者认为，应当借助法学规范标准和环境利益均衡原则，建构开放的环境治理秩序，将复杂的环境治理权配置问题重新法定化和再问题化：一方面，重述民主、均衡、效率等法治价值元素，按照赋权性制度要求重构环境治理秩序，健全跨越公私界限的联结机制，促进政府、市场主体和公众力量在交互性关系中达成权力与权利的平衡，实现互惠与合作，增强环境治理秩序的开放性。另一方面，在坚守现代法治秩序的稳定性、延续性和不抵触性等本质特征的前提下，根据安定、秩序、公平、正义等法治基本价值给治理体系设定限权性要求，生成多层次的制度体系，扩大环境治理秩序的开放性。这两方面恰恰是环境法治现实主义的基本立场。

2. 核心功能：追求治理机制融合，避免利益的失衡

公私合作环境治理意在追求治理机制的融合，避免主体之间利益的失衡。塑造以平等配置、保护公民权利为核心意涵的现代环境治理格局，推动环境公权力与公民环境权相互融合，创新推动新兴环境权利的形成机制，不断向国家、社会、市场释放环境治理红利。与此同时，公私合作环境治理秩序也为环境法治秩序带来三个方面的重要命题：一是培植私有产权和市场化的环境法治元素，彰显市场主体在环境治理中的意思自治能力和权利能力，让市场在环境资源的配置中能够起到决定性作用；二是适度拓展环境自治场域，弘扬环境法治中的社会信息机制和民主性元素，发挥社会力量的辅助性治理功能。以人民主权原则为指引，有效拓展环境自治功能。三是强化环境法治中程序性、效率性和责任性等法治元素，以程序约束环境公权力，优化其对市场、社会的监督

---

① 关于何谓环境担保责任及其相关法律问题，详细内容可以参见本书第二章第三节相关内容。
② 王树义、蔡文灿：《论我国环境治理的权力结构》，《法制与社会发展》2016年第3期。

功能和公共服务能力。

公私合作为环境法治带来的三大重要命题,也为环境共治秩序奠定了坚实了法治保障。因此,环境共治秩序的塑造,应充分发挥环境法治元素对市场信息、利益衡平和行为意愿的吸纳整合能力,优化环境信息交流、利益协调、民主商谈等法律机制的实际运作效率,激发公私合作环境治理主体的能动性,提升治理的人民性、正义性、持续性、透明性、效率性。从中观的层面考察,环境共治秩序的塑造,同样离不开法治体系与政府管理主义、市场理性主义和社会参与主义三重治理机制相互融合。三种治理机制对应三大法治形态,即责任法理(政府)、权益法理(市场)、公共法理(公众)法治形态。因此,环境共治秩序的塑造,实质是三种治理机制与三大法治形态互动的结果。从环境共治秩序实施实践看,这个运作机制既是相互融合的,也是动态衡平的。

3. 内在要求:面向环境共治格局,不限于利益表达

以人民主权原则作为规范的限度,公私合作环境治理的内在要求不限于多元利益的表达,而是指向环境共治的格局。从逻辑上看,环境共治秩序的塑造,既包括基于技术层面的法律共治体系及配套制度,也包括立基于合作伙伴、协商、契约和共同愿景所形成的合意权威,还包括依靠市场、公众的社会权威体系。环境共治秩序制度中轴是建立在市场原则、科层制原则以及社会认同基础之上的合作,政府、市场与公众三者之间的利益,体现为一种既融合统一,又横纵交叉的关系。

我国改革开放 40 多年经验表明,通过社会主义市场经济的法治化建设,我国环境共治秩序逐步走向成熟。近年来,我国"与地方分权、向社会赋权、给市场让权"的环境共治改革思路逐渐明晰化,通过环境行政分治、环境授权代理、环境认证许可、环境规制方式改革等措施,积极开展公私合作环境治理、完善政府担保责任形态以及发展环境社会组织、完善环境市场体制等环境管制方式,逐渐拓展了环境治理主体的范畴,明确了国家环境治理的内容边界。[①] 但是事实上,我国当下以公私合作为表征的环境共治秩序尚未形成一套关于环境治理结构更新的整体性制度安排。在很多环境法治建设的情境下,政府环境职能转变、环

---

① 杜辉:《面向共治格局的法治形态及其展开》,《法学研究》2019 年第 4 期。

境市场主体培育、环境行政管制模式等改革，大多是零散式突破，欠缺整体性、系统性的考虑。如何在创新治权配置、平衡主体利益关系、控制法治运行风险等核心问题中找寻法治均衡点，成为环境治理转型的首要难题。

基于上述的研究分析，本书认为，创新推动环境法治体制机制的变革，努力建构并最终实现理想的环境共治秩序，应是政府、市场和公众等多元主体在环境事务中，既能相互监督制约，又能协商合作，共同达成环境治理成效的最大化，最终从环境共治走向"环境善治"的目标。①

二　公私合作环境治理之基本类型

（一）环境民营化

民营化并非是指一个明确的法律概念，学界一般认为，民营化可以与私有化（Private）画上等号。我国学理上大多认为，民营化概念是指一切由民间（包含私人、企业等私部门主体）参与履行行政任务的现象，也就是国家利用或结合民间资源履行行政任务的现象。日本学者将民营化定义为利用民间提供公共行政主体所需要的财货或服务。现代国家较少采取国家完全放弃行政任务之"完全民营化"，绝大多数国家采取游走在"单纯组织私法化"与"任务完全私人化"两个民营化光谱极点间之模式。② 美国著名的民营化大师萨瓦斯认为，民营化的形式主要有：公营事业资产部分转移到民间、行政业务委托民间办理、行政受托人与行政助手法律机制以及吸收私人资金参与投资公共建设等。③ 此外，在欧美一些发达国家，特别是在英国，逐渐由传统的民营化形式演化出一种 PFI（Private Finance Initiative）制度。

从环境法的角度看，环境民营化即环境治理中的 PFI 制度，它是指促进民间参与环境公共建设。日本较早就从英国引入 PFI 制度，但是一

---

① 史玉成：《环境法的法权结构理论》，商务印书馆 2018 年版，第 59 页。
② 詹镇荣：《论民营化类型中之"公私协力"》，《月旦法学杂志》2003 年第 11 期。
③ [美] E.S. 萨瓦斯：《民营化与公私部门的伙伴关系》，周志忍等译，中国人民大学出版社 2002 年版，第 253 页。

直以来都是谨慎推行该制度。PFI项目的实施必须先由内阁总理大臣订定基本方针，然后才能实施具体计划。PFI在我国台湾地区同样受到重视，为此还制定了所谓的"促进民间参与公共建设法"。根据该项法律，PFI项目一般采用"双阶理论"选择合作者，即第一阶段在具体实施选定民营企业时，须采用具体行政行为的方式，法律禁止通过内部交易方式选定民营企业，所有项目的实施要公开甄选合作者并公告周知，这就是我国台湾地区所谓的"行政程序法"第138条之相关规定，即行政契约的相对人如果是私人，一定要公开甄选，让相对人都有陈述意见的机会，公开甄选的最终决定通过具体行政行为方式实施。

根据学界的一般见解，民营化依其内容可分为形式民营化、实质民营化、功能民营化、财产民营化、财政民营化与程序民营化等基本类型。而依私人参与任务履行的程度，则又可区分为全部民营化与部分民营化。当然，这些类型的民营化模式相互之间可能存在交错混合的关系，如上述民营化基本类型中，功能、财产与财政民营化之间本质上也归属于实质民营化。依据现有学界对于民营化和公私合作概念的基本界定关系，可以大致得出这样的结论：从概念上看，二者之间是彼此并不相互涵盖的关系，但是在实践运用中存在较多的交集之处。可以认为，民营化类型中"部分民营化"或者"功能民营化"因具有公部门与私部门共同合作履行行政任务的特征，而为公私合作的典范类型。在具体用语上，公私合作是以行为方式出发，强调国家与私人之间的"合作关系"。部分民营化则以国家角度为切入点，着重"私人参与"的行为主体的改变。就行政任务非由国家单独自行履行的观点看，公私合作与部分民营化或功能民营化在概念上别无二致。

然而，有学者认为，公私合作是为了维持一种"持续状态"，反之，民营化方式则应属于一种"过程"。因此，公私合作几乎难以与民营化相提并论。[①] 对此观点，詹镇荣教授提出自己不同的看法。他认为，从实务经验看，民营化历程常可持续数年乃至十数年之久。国家仅仅采取部分民营化手段不在少数，非所谓的所有民营化计划都是以真正实质民营化为终极目标。反之，公私合作也并非必然具有持续性，行政

---

① 刘宗德：《公私协力与自主规制之公法学理论》，《月旦法学杂志》2013年第6期。

机关可能因单次性任务短期地借重私人力量加以完成，这也是公私合作的一种方式。因此，将公私合作视为部分民营化的观点，并不正确。①

（二）环境合同（或者契约）

环境合同（或者契约）是将政府的环境公共事务通过环境合同或者契约的方式与私人达成环境治理的目的。运用环境合同或者契约解决环境问题的最早国家是日本，为了加强对公害发生源的管制形成所谓的公害防止协定，这就是现代环境合同的雏形。早期日本一些地方公共团体与事业者，基于相互的合意，为防止公害，就事业者应该采取的措施进行协商达成的合意，一般称为公害防止协定。公害防止协定这种方式，作为公害控制上的手段最早被采用是在1964年。后来，日本又出台一些相关法律规范环境合同关系，如《市场化测试法》作为日本第一部横跨各行政领域的有关行政上契约之法律，针对的就是环境合同应用到环境公共服务的市场化问题。据此，政府通过与私人主体签订合同，可以购买环境公共服务。此外，日本各级地方政府除了依据法律或条例，采取公权力手段管制、取缔公害发生源以外，一般都会主动与生产者进行协议，约定生产者由其自愿采取各种公害预防措施与对策，以圆满达成防治公害与保护环境的政策目的。在地方公共团体的公害环保行政体系中，这种非公权力手段的公害防止协定被广泛利用，并在日本公害防止体系占有重要地位。

我国环境法学界对环境合同存在着不同的理解。吕忠梅教授和刘长兴教授将环境合同定义为：国家与个人以及个人与个人之间就环境资源使用权的确定和转移达成的协议。② 他们认为，环境法在协调环境资源的公共性所要求的国家管理意志与私人性所要求的个人意志时，可以借助合同这一外在形式，建立统一的环境合同制度，以实现环境法的目标价值。③ 不难发现，尽管环境资源具有公共性，但是却涉及国家公共利益、私人的个体利益和相关组织的集体利益等多个层面的法律主体利益

---

① 詹镇荣：《公私协力与行政合作法》，新学林出版股份有限公司2014年版，第11页。

② 吕忠梅、刘长兴：《论环境合同》，载《人大法律评论》2003年卷（总第5辑），中国人民大学出版社2003年版，第147—187页。

③ 吕忠梅、刘长兴：《试论环境合同制度》，《现代法学》2003年第3期。

关系。因此，这一定义明显既包括公私之间的环境合同关系，也包括平等私人之间的环境合同关系。由此看来，这一观点与公私合作的环境治理的概念存在一定差异。

关于环境合同的主要类型存在多种划分的方法，学界目前主要关注两类环境合同的类型，即环境民事合同和环境行政合同。[1] 除此以外，环境合同的分类，可以根据合同订立的主体区分为环境分配合同与环境消费合同。前者是指国家与个人之间就环境资源使用权的转移达成的协议；后者是个人与个人之间就环境资源使用权的转移达成的协议。近年来，有学者结合《民法总则》第9条规定的绿色原则，提出环境服务合同的概念，并建议将之纳入民法典合同编的有名合同规范。[2] 在我国的环境法律实践中，环境合同制度通常在污染防治和自然资源保护领域有较为广泛的应用，如污染源限期治理合同、环保设施建设合同、使用排污费合同、包括生态补偿协议在内的环境资源保护合同，等等。

（三）环境第三方治理

环境第三方治理主要适用于环境污染治理领域，因此，通常被称为"环境污染第三方治理"。实践中，环境第三方治理一般包括两种类型：一是直接生产污染的排污者或单位与第三方之间的治理关系；二是具有法定排污或者治理职责的政府与第三方之间的治理关系。前者是一种民事主体之间的委托合作关系，而后者则为政府与私主体之间的公私合作关系。本书着眼于后者，主要考察研究第三方治理如何实现公私合作环境治理。

通常而言，负有环境治理职责的政府或者其他公权力主体，基于经济效益、专业技术或者环保成本等方面考量，通过政府购买服务或者按

---

[1] 相关研究可参见张炳淳《论环境民事合同》，《西北大学学报》（哲学社会科学版）2008年第5期；陈泉生《论环境行政合同》，《福建论坛》（经济社会版）1997年第6期；何卫东、熊博荔《环境行政合同研究》，《中国环境科学》1998年第4期；钱水苗、巩固《论环境行政合同》，《法学评论》2004年第5期；梁剑琴、王新《环境行政合同概念探析》，《中州大学学报》2009年第1期；等等。

[2] 刘长兴：《论环境服务合同》，载吕忠梅主编《环境资源法论丛》（第11卷），法律出版社2019年版，第50页。

照合同支付费用等方式，委托专业环保服务公司进行污染治理。而作为第三方环境污染治理的主体，一般能够利用企业的专业化优势和规模化效应，以较少的污染治理成本，较好的专业环保技术，较高的环境治理效率，实现降低治污成本，完成污染治理的预定目标。因此，这种创新型污染治理模式很快得到青睐，有学者甚至认为，环境污染第三方治理正成为污染治理模式创新发展的一个新方向。[①]

为此，我国政府十分重视推行环境污染第三方治理模式，国务院和生态环境部先后制定规范性文件指导开展环境污染第三方治理工作。[②] 在中央和地方政策带动下，各地环境污染第三方治理得到快速发展，在水务、垃圾焚烧、固废处理等城市环境公用项目，以及工业企业、工业园区建设和环境修复领域等，第三方治理模式得到推行，且大多采用BOT[③]等模式。事实说明，环境污染第三方治理在治污实践中发挥了较好的作用，成为传统国家环境治理模式的补充与创新，[④] 是当前解决和治理环境问题的重要实践探索。环境污染第三方治理不仅是简单地提出一种污染治理的新模式，而是在污染治理理念上从管制模式向公私合作模式的跨越，为探究环境治理的理论依据，构建系统的制度体系提出了迫切需求。[⑤]

从基本的法律关系角度分析，环境第三方治理主要涉及两层法律关系：一是排污者或政府与第三方主体之间的合同关系；二是政府与排污者之间存在的环境行政责任和污染治理责任关系。前者主要表征为一种合同关系，但实质上内含着环境行政管理关系，因此，环境污染第三方治理过程中，存在一种行政关系与民事关系交织交错的复杂局面，使得环境第三方治理关系呈现出公私合作模式的基本特征，即私人部门参与

[①] 刘长兴：《污染第三方治理的法律责任基础与合理界分》，《法学》2018年第6期。
[②] 2014年国务院专门出台《关于推行环境污染第三方治理的意见》，意图推进指导并规范全国各地开展环境污染第三方治理工作。2017年8月环境保护部出台了《关于推进环境污染第三方治理的实施意见》，再次为环境污染第三方治理专门出台实施意见。
[③] BOT是英文"Build-operate-transfer"简称。从具体的运作模式看，BOT与PPT类似，是投融资模式中的一种，此外还包括BT、TOT、TBT等。
[④] 陈潭：《第三方治理：理论范式与实践逻辑》，《政治学研究》2017年第1期。
[⑤] 刘超：《管制、互动与环境污染第三方治理》，《中国人口·资源与环境》2015年第2期。

公共物品的提供，在保护私人权利的同时不得妨碍公权力的行使和公共利益的保护。① 因此，从某种程度上分析，环境第三方治理与公私合作环境治理存在着本质上的一致性，在追求某一共同的环境治理的目标的前提下，公私双方主体通过一定的合作方式达致共同目标。与此同时，不难看到，环境第三方治理与公私合作环境治理两者的界限十分明显：前者既有民事合同关系，也有行政合作关系；后者主要呈现环境行政关系，一般不包含民事法律关系。

三　公私合作环境治理之成立要件

公私合作一般理解为一个集合概念，泛指所有公部门与私部门公共处理事务的具体情形。如何更为精准地认定环境公私合作行为，需要进一步研究环境公私合作行为的成立要件问题，以便从性质上区别其他环境行为类型的基本准则。目前，关于公私合作的成立要件的研究存在诸多不同的学说。

（一）成立要件的主要学说及其争议

1. 欧盟执委会的四要件说

对于如何将国家与私人之间的合作关系认定为公私合作，欧盟执委会认为公私合作存在四个方面的构成要件，该观点具有一定启发意义。这些要件包括：（1）长期存续的计划关系；（2）由私经济负担部分的计划经费；（3）私经济主体对各计划阶段的参与，以及由公部门伙伴确立目标，并为维持目标进行监督；（4）风险分担，并转移风险给予私人伙伴。

欧盟执委会关于公私合作的构成要件的观点，主要是针对国家与私人之间在科技创新领域、双边经济合作、公共基础设施等相关领域提出的。欧盟执委会于2004年公布《关于公私伙伴关系绿皮书》，并于2008年制定相关解释性公告，提倡各成员国在涉及交通、医疗、教育、公共安全等公共基础设施领域积极采用公私合作方式。由于欧盟执委会关于公私合作构成要件的适用范围具有极强的针对性，因此，公私合作四要件说并不适用环境治理公私合作行为。

---

① 张守文：《PPP的公共性及其经济法的解析》，《法学》2015年第11期。

2. 德国公法学者的六要件说

德国学者 Budäus/Grüning 教授研究认为，公私合作行为成立，原则上应具备这样六个方面要件：（1）政府与私部门之间的共同行动；（2）互补性目标之依存；（3）合作时之互动可能性；（4）历程取向存在一致性；（5）合伙人身份与责任持续存在；（6）合作之契约定型化。[①]

对于上述观点，有学者认为，如果从狭义的公私合作概念出发，探讨公私合作原则六个方面的成立要件，较容易忽视国家与私人之间行为本质上的差异。也就是说，作为公权力主体，国家仅能以公益为依归，而反之，作为基本的社会主体，私人以追求利润为行为目标。因此，要求公私部门合作动机与目标一致，只是基于国家观点考量，漠视了私人参与任务执行的经济利益，显然与公私合作"双赢"基本框架相违。因此，这一观点遭到学界的批评。[②]

3. 我国台湾地区的学者学说

我国台湾地区学者刘宗德教授认为，公私合作主要包括这样六个方面的构成要件：（1）有共同的目标；（2）存在共同合作的意愿；（3）要一起承担风险；（4）要以治理的目标为导向；（5）最重要的要件是，公私合作不能仅仅是单纯的私人财政的投资；（6）国家要负最终的行政担保责任。

我国台湾地区詹镇荣教授同样对公私合作的构成要件问题进行了相关的研究和分析。在结合刘宗德教授关于公私合作"六方面要件说"的基础上，詹镇荣教授研究认为，公私合作构成要件还应增加"透过正式之公法或私法性质双方法律行为，抑或非正式之行政行为形塑合作关系"。对于詹镇荣教授的观点，刘宗德教授同样予以了有关回应，并对此评价。他认为，这个"非正式之行政行为"是个类似于行政指导的管道，至于"双方法律行为"这个管道有没有可能会变成行政合同的

[①] Budäus, Grüning, "Formenvielfalt und Probleme der Kooperation Privater und Öffentlicher Akteure aus Sicht der Public Choice-Theorie", *Ahrbuch zur Staats- und Verwaltungswissenschaft*, Vol. 109, No. 129, 1996, p. 9.

[②] [德]扬·齐科：《从德国宪法与行政法观点论公私协力——挑战与展望》，詹镇荣译，《月旦法学杂志》2010年第5期。

问题，从行政合同的观念接受上会比较困难。①

（二）公私合作环境治理的四大要件

1. 主体要件：公与私双方主体合作

从法学的角度讲，任何具有法律意义的行为都应该有一个归属的行为主体，公私合作环境治理行为也不例外。因此，主体要件也就成为环境公私合作行为不可或缺的首要要件。但是，在当今的环境法治实践中，无论是环境公权力主体，还是环境私权利的主体，均呈现多样化的形态。由此，需要我们从主体层面，研究分析二者之间的法律关系。具体从以下方面入手：（1）必须是公私双方主体共同推进的结果。公私合作环境治理必须存在公权力主体与私权利主体，构成一种双方法律行为。由此，排除单纯的私人资助行为，或者纯粹由公权力机关主管的国有投资公司所从事的行为不是公私合作。在概念上，公私合作尤其应与"私人资助"作区分。有些学者常将私人资助作为公私合作的同义词而使用，然而这种关于公私合作与私人资助的概念的理解方式，常常遭到学界质疑：私人资助的概念，其实仅限于描述单纯的财务给付和支持行为而已。显然，这种财务的给付机制虽然包含了公私合作的要素，但是通常认为公私合作关系应该是一种超越财务上支付行为，不能仅限于私人主体单方的财务支付。（2）公私双方的行为应出于各自真实的意愿。公私合作的行为应该是双方基于特定公共事物的需要，出于各自的真实意愿而形成的共同行为。政府在某些情况需要依靠私人的主体行为，对其进行激励、影响和约束，但绝不是完全的控制，否则直接违背公权力主体推动实施公私合作行为的初衷。与此同时，私主体不能为了达到公共事务获取经济利益的目的，有意违背其真实的意图，在签订公私合作协议之后，具体实施合作过程中，出尔反尔，导致合作计划落空。（3）环境公私双方行为的出发点和落脚点是一致的。实践中，公私合作主体通过双方合作行为整合，达成一种双赢的相互关系。合作行政也很快成为行政法的新内容，② 此种"共识"为环境行政机关和环境行政

---

① 刘宗德：《公私协力与自主规制之公法学理论》，《月旦法学杂志》2013年第6期。

② 张桐锐：《合作国家》，载《当代公法新论（中）——翁岳生教授七秩诞辰祝寿论文集》，元照出版公司2002年版，第549页。

相对人共同实现国家环境任务提供认识基础。

2. 实质要件：高度契合的合作利益

我国是实行中央集中制的国家，国家对地方政府和各类社会组织具有集中管理权限，因此，企业和社会组织参与环境治理取得成功离不开政府的支持。① 而在环境治理过程中，政府支持企业和社会组织参与环境治理的关键是各方利益是否相互契合一致。当然，居于支配地位的政府可以通过各种法律或者行政手段，有效控制企业和社会组织的行为与活动空间，促使企业等私主体的利益诉求与政府的政策目标相一致。基于此，不难想象：倘若某项政策或环境行为，符合政府和企业与社会组织之间的共同利益，那么，得到政府支持的机会越大，且能深度介入政府政策形成过程，类似于法团主义国家的私益政府模式。反之，倘若某项环境政策的制定或某种环境行为的实施会导致国家与企业和社会组织存在利益冲突，则会受到政府抑制，类似于多元主义国家的政策倡导模式。

综上分析，笔者认为，对公私合作环境治理的研究，需要一个全新的框架，即政府环境规制下的利益契合。根据该分析框架，在中国转型发展过程中，国家对企业和社会组织参与环境治理行为，既非完全控制，也非完全支持。那么，政府选择控制还是支持行为，完全取决于国家与企业和社会组织的利益契合程度。因此，与传统分析框架相比，新分析框架的动力机制有所不同，即认为国家与社会的利益诉求因情境不同既有一致又有分歧，环境利益契合是根本驱动力。②

3. 行为要件：公私双方行为具有对等性

公私主体行为的对等性在"公私合作"的概念中具有相当重要的地位。公私合作环境治理通常被视为一个多元的集合名词，在概念理解上具有相当的不确定性。所谓的公私合作行为本身包含合作的意思在其中，虽然在环境治理的过程中，合作的当事人相互之间会存在彼此参与行为，如在环境影响评估的过程中，除开发单位和审查评估的行政机关之外，一些周边居民、环保团体、地方团体、专家学者等，都会通过法

---

① 肖磊：《自治到合作：公共行政组织自治性问题研究——以温州民间商会为考察视角》，《政治与法律》2009 年第 10 期。

② 李启家：《环境法领域利益冲突的识别与衡平》，《法学评论》2015 年第 6 期。

定或非法定的方式,参与环境影响评估的制作、审查和监督等过程,相关主体的意见表达,即是在环境影响评估活动中的参与行为。但是值得注意的是,私人主体参与环评的行为并不等同于合作行为,因为在环境影响评价过程中,具有合作关系的当事人会基于彼此的合同关系,形成共同的参与行为实现共同的目标,但是参与有时是为了防卫自身的权利,有时则是为了合作利益。据此,可以认为,环境公私合作应该是根据长期存续的合同关系,明确共同目标和协商一致的共同行为,同时是具有直接合作利益关系的持续性行为。①

环境治理过程中,无论是"合作"抑或"协力",必须强调明确公私双方主体行为的对等性,以确保双方的沟通、谈判等协商交流活动的顺利进行。特别是对于私人主体而言,应该充分遵循自己内心的真实意愿,通过双方的合作行为达成国家任务。换言之,公私合作行为应该是居于完全对等的行为主体,且具有完全的意思能力的两方或者两方以上主体,为了达成共同的国家任务,互相协力合作,相互支持配合,完成既定的目标。基于此,公私主体行为的对等性在"公私合作"的概念中具有相当重要的地位。进而,在对等性行为的支配下,公私合作行为维持着一种"建设性的紧张关系"。② 一方面,私权利主体或多或少的会真实地考虑和主张自己的合法权益;另一方面,公权力主体会对整体的合作行为的运作予以容忍、监督,以使公私合作的目的不至于迷失,更好地实现环境公益。

4. 责任要件:风险分担与国家担保

环境风险责任分担理念主要是基于这样的传统法治思维:在宪法等基本法建构下的国家,为了履行完成国家环境任务,需要政府与社会共同承担一体化的环境法律责任。环境风险责任分担主要包含两个层面的含义:一是国家、企业和社会组织之间在执行环境保护义务时的分工;二是为实现这种分工所建构的合作性环境组织架构。值得注意的是,环境风险的责任分担并非只是静态地着眼于环境任务的一次性分配。通常

---

① [德]扬·齐科:《从德国宪法与行政法观点论公私协力——挑战与展望》,詹镇荣译,《月旦法学杂志》2010年第5期。

② 辛年丰:《环境风险的公私协力:国家任务变迁的观点》,博士学位论文,台湾大学,2013年。

而言，这种风险责任的承担，应该是基于动态、合理地协调环境治理过程中各种行为，所做出的责任划分。据此，国家在宪法法律所设定的框架内，应担保环境公共事务的履行。

风险责任分担与风险责任层级化也是现代国家环境担保责任的两大核心内容。这种国家担保责任的承担方式源自社会国与新自由主义的基本理念。国家环境担保责任的提出，主要是基于环境法律秩序与行政政策的考虑，在国家和社会之间，寻求一种整体性、均衡性的法律安定的秩序，以保证环境治理的成效。具体而言，国家环境担保责任的成效取决于以下两个方面的要素。

其一，国家、企业和社会组织之间在合作从事具体的环境治理行为时，有不同的角色安排，基于这些不同的法定角色，三者承担不同的环境法律责任。对于国家行政机关而言，环境治理责任的分担，并不导致国家行政机关从环境任务中抽身，而应该是一种国家权力行使形式的改变，也就是，转而采取以合作、社会自我管制及政策调控相结合的方式实现环境法律秩序。

其二，在环境治理过程中，国家与企业、社会组织应该各自扮演不同的角色，承担不同的法律责任。根据责任承担的基本要素的不同，可以将国家环境责任区分为履行责任、担保责任及承接责任三个"责任层级"。[①] 其中，担保责任层级对于公私合作环境治理尤其重要。通过这种层级化的责任分担，虽然国家可以不再自己或者至少不再独自履行国家环境义务，但是应该通过环境管制措施担保该国家环境任务符合环境法律秩序。在企业或者社会组织无法达成预期的目标时，国家则需要"接管责任"，采取承接责任的方式，弥补环境管制调控手段的不足。

第二节 公私合作环境治理的基本功能

一 减轻国家环境行政和财政压力

随着国家任务范围的扩张与多样化，国家在执行环境任务时，不可

[①] [德] 扬·齐科：《从德国宪法与行政法观点论公私协力——挑战与展望》，詹镇荣译，《月旦法学杂志》2010年第5期。

避免地会遭遇到这样一个现实的困境，即财政上的拮据和行政组织方面的局限。在环境法领域中，关于公私合作环境治理的提出，正如其他行政领域的国家任务一样，都是基于减轻国家财政资金的压力和精简行政组织的现实需求。尤其是一些具有给付行政的环境公共事务，其本质上不大涉及专业性，且存在较多的市场经济因素时，国家在实际上常常会通过与民间经济组织签订契约的方式，将原本属于国家自我执行的事务交由私人经济组织执行。例如，我国当前的城镇垃圾回收、处置、焚烧与填埋设施、城镇生活污水收集处理、城市供水管网等公共设施已经基本上交由民间企业建设和营运。理论上，通过这样一些国家任务私化的方式，国家可以节约常设行政组织或机构所需要的人力和财政成本。同时，一些事务的执行成本还可以通过市场竞争机制予以调节，能够较为合理地反映费用支出。

在传统的环境权力组织结构中，环境行政机关处于绝对优势地位。我国著名法学家江平教授认为：国家权力和社会权力是两种不同的权力。我国自改革开放以来，一个很重要的目标就是逐渐缩小国家权力，更多地扩大社会的权力……但是今天看来，我们离这个目标还有一段距离。中国现状仍然是社会权力比较小，国家权力比较庞大且比较少制约。[①] 在环境行政法律关系中，社会企业和公民个体处于行政相对人的地位，是环境行政机关的管理对象，这两类主体所享有的环境权力较少。通常，政府行政机关通过法律法规授权、委托、交办等方式将个别环境权力向社会企业和公民个体转移。但是限于环境治理秩序的权威性和统一性问题，诸如环境行政强制权、处罚权等不能轻易放弃和转移。因此，政府行政机关、社会企业和公民个体，从其享有权力的主体数量和公权力的多少（包括公权力的等级、公权力涉及的管理事项等要素），自上到下呈现出一种"正三角形"的结构关系，并在一定程度上，政府环境权力与社会企业、公民个体存在某种博弈关系。

在治理理念的冲击下，对环境权力进行优化，建构环境公私合作治理模式成为时代转型发展的必然趋势。作为一种软性的治理机制，环境公私合作治理模式通过一种制度性的妥协方式，采取诱导性手段，促使

---

① 江平：《社会权力与和谐社会》，《中国社会科学院研究生院学报》2005 年第 4 期。

不同的环境治理主张在相互对抗中达到一种反思性衡平。通过协商对话机制，使得主体之间取得信任与合作。环境公私合作治理模式改变了传统环境权力的"高压"姿态，有效地排除了单方环境权力行为的恣意性，有助于对环境主体和相对人之间不完全对等的倾斜度进行纠偏，实现环境治理由"秩序行政"向"合作行政"的转型与整合。

二 提升国家环保和行政执法成效

在任何领域的国家任务当中，实际上通常存在着应然规范与实然状态的落差，这种落差首先可见于立法者对于特定事务制定法律规范的层面，如立法者对于所欲规制的环境问题的本质或者潜在的环境风险未曾有正确地认知。因此，在制定环境法律规范时，可能难以提供适当的执行手段或责任机制赋予行政主管机关。其次，类似的窘状也可能出现在行政机关对于上述法律规范的具体执行层面上，行政主管机关往往受行政编制与专业知识方面的条件限制，对立法者的相关要求，感到力有不逮。而这些方面的种种窘境，在环境法领域更显突出，人们往往将这种现象称为环境法上的"政府失灵"。

（一）国家环保机构调整与环保能力提升

所谓的政府失灵最主要是因为国家传统上的组织与管制手段与环境问题的特征不相一致所导致。首先，就环保机构而言，随着环境污染的多样化、规模化，使得环境保护任务不可避免地涉及专业知识与技术。这些特征尤其表现在环境保护的法律需求上。一些环境法上的根本性概念，如"环境保护""环境污染"以及"环境品质"等，都不容易单纯以文字形式加以准确描述。此外，自然环境的污染也可呈现在水、空气以及土壤等众多不同领域，涉及保护客体、保护范围、规制对象、规制范围、管制措施与设施、管制标准乃至许可或督察程序等，立法者几乎无一不依赖不确定法律概念或广泛的授权条款，由主管机关再进一步通过行政命令具体充实环境规范的内涵。以《固体废物污染环境防治法》为例，该法对于所谓的"危险废物"，仅规定"是指列入国家危险废物名录或者根据国家规定的危险废物鉴别标准和鉴别方法认定的具有危险特性的固体废物"。对于"危险废物"所谓的"毒性""危险性"或"浓度或数量足以影响人体健康"等认定标准则完全是由环境行政主管机关决定。毋庸置疑的是，以上概念必须以自然科学的研究成果作为根据，将具体的环境品质标准与污染限值加以具体化。其次，环境行政主管机关对于具体个案中污染行为是否已经超越环境法规所容许的界线，也必须依赖科学规则与技术标准来决定。由此，进一步显示出环境法领域对于专门知识与技术人员的强烈需求。在实务运作上，这方面的法律多由环境主管机关草拟草案提交立法机关决议。除了少数在社会舆论上具有争议的条文外，立法机关也往往无太多回旋余地。换言之，环境主管机关不仅仅是环境法律规范的执行者，也充当了立法者的角色。也就是所谓的"政府失灵"现象皆集中于行政主管机关。

因此，面对当下日益严峻的环境问题，无论是从行政机关的环境事权拓展的角度考量，还是从环境行政执法职能转型发展的需求出发，都不能简单期望仅仅依赖增加环境执法人员的行政编制，就能有效地实现环境保护的目的。更何况，现代环境保护任务越来越多地涉及专业领域的相关知识和技术，如何加强行政执法人员的专业素养，而不是扩展行政编制，成为提升现代政府环境治理能力的首要问题。与此同时，随着现代社会经济快速发展，生产技术革新带动产业结构、消费结构加速转型，尖端技术与化学物质广泛使用，使得影响环境恶化的因素更加错综复杂，更具潜伏性和风险性。在此背景下，国家环境保护任务必须对于新的污染情形或新的技术发展做出相应调整。然而，环境保护主管机关本身受制于其编制上、预算上以及人力专业上的限制，因此无法仅仅单纯依靠编制内的组织、人员，即可完全地处理日新月异的环境问题。有鉴于此，如何通过制度建立，将企业、专业机构和民间环保组织纳入国家环境任务的治理体系，显得十分重要。

(二) 环境治理规制模式的调整

针对不同环境问题呈现的不同特征，采取不同的环境规制手段，从而形成不同的环境规制模式。为提升环境保护的执法成效，需要对环境治理中的规制模式予以适度的调整。除了可以通过前述组织上的调整外，就环境规制模式的设计而言，基本上可以从两个向度予以考量，即环境管制手段的调整与环境任务分配的调整。前者诸如经济诱因之间接管制手段、国家与民间的合作协商，或者以源头管制或总量管制替代末端管制等。后者则是在国家和私人（尤其是那些造成环境问题的企业）之间进行环境任务的分配。环境保护任务分配的原则，既要考虑到环境污染的成因，也要依据环境问题的特性或是环境治理的成本效益（如第三方治理）。例如，将某特定的国家环境保护任务的履行义务移转至与特定环境负担的产生有紧密关系，且能较有效解决这一问题的私人，而国家对此任务仍保留担保义务，即国家仅仅保留义务不履行的制裁或者在必要时再度亲自负担起履行任务。

在公害防治的实务运作上，由国家设置专责主管机关负责污染排放许可、污染源的监控、违法污染排放的取缔乃至污染的清除与整治等事务为常态。然而，环境污染的形成往往涉及科技专业，因此污染排放的监控、取缔与整治也必须具有相关的专业知识。而主管机关囿于组织、人事编制乃至管制手段等因素往往导致捉襟见肘。针对这一组织上的缺陷，固然可将民间专家学者等力量通过制度纳入国家机制，以弥补主管机关组织与人事上的不足，然而，其效果仍然受到局限。尤其是在以下情形，要么是产生污染源的企业对于其产生污染的过程与因素往往掌握有较完整的知识，要么是相较于主管机关，产生污染源的企业本身通常最清楚如何采取有效的防污措施。换言之，产生污染源的企业相对于行政主管机构或甚至居于第三人地位的专家学者，在环境污染的相关专业以及产生过程资料的掌握是处于优势的，也因此在理论上自然更具有提出解决方案的能力。

此外，通过制度的完善，促使环境污染单位将其所掌握的最新专业技术运用到环境保护当中，是当今环境保护政策的基本目标之一。现代环境保护相较于其他法益保护本质上的差异在于：其影响范围在时空上无处不在，且其损害结构至发现之时已难以回复或根本无法回复。传统上的危险防卫以及危害结果发生后的事后制裁对于解决环境问题，往往无法起到太大的效果。因此，有效的环境保护其重点应该在于防微杜渐，也就是超越传统的危害防御思想，进而致力于风险预防的实现。某些污染排放可能造成较为严重不良影响时，其污染设施应该受到随时监控，其相关重要数据也应供环保行政主管机关随时掌握。再者，污染排放对于环境有严重不良影响或有危害之虞者，应对其采取有效的对策，即依现今科技水准可采取的措施。而倘若最新技术与专业知识掌握在污染源私人之手时，如何使其将掌握的技术与专业知识供环境保护之用，则为实现前述风险预防的重要前提。

以风险预防思想为中心的环境保护的实现,在国家环境任务公私合作的改革进路中,主要有以下两种模式:在第一种模式中,国家可通过将某特定的法律机制内部化至污染排放相关的产业内部,使其辅助主管机关实施环境保护任务。比如,根据相关法律规定的"环境保护专责人员"[①]。在第二种模式中,国家可以根据不同的具体情形,将原本环境执法运作成效不彰,环境专业技术能力不足,专业技术设施保障困难等类型的环境保护任务,直接转化为私人履行环境保护义务,由掌握与污染相关的专业知识与技术的私人承担污染防治任务,而国家在这个过程中仅负责监督私人履行法律义务以及对义务不履行进行制裁。例如,根据我国《固体废物污染环境防治法》第33条规定:企业事业单位应当根据经济、技术条件对其产生的工业固体废物加以利用;对暂时不利用或者不能利用的,必须按照国务院环境保护行政主管部门的规定建设贮存设施、场所,安全分类存放,或者采取无害化处置措施。

三 优化程序调和环保与经济冲突

环境问题的产生主要与经济开发以及工业生产等行为息息相关,因此,行政主管机关对各种污染类型相关的生产者除了通过不定时的监测,以督促生产者遵守相关的环境标准外,更重要的是通过各种类型的许可程序对于污染源的设立与运转乃至整个经济开发行为进行事前的审查与许可。我国关于环境影响评价制度的规定,主要分散在不同类型的环境法律法规中,如危险化学物的生产设立与变更许可、废物的污染排放许可与运输许可、业务执行许可以及涉及特定人员的专业人员能力的证照,乃至同时针对设施人员的"综合性许可"。我国新修订实施的《固体废物污染环境防治法》第17条规定:建设产生、贮存、利用、处置固体废物的项目,应当依法进行环境影响评价,并遵守国家有关建设项目环境保护管理的规定。一方面,这一制度就国

[①] 关于"环境保护专责人员"的详细论述,可以参见本书第四章第二节相关内容的论述。

家的环境保护任务而言具有核心作用。从另一方面而言，是否取得主管机关的许可也涉及经济活动能否继续进行，甚至是经济生产设立的前提。因此，倘若许可审查程序过于冗长，则往往成为生产者在投资决策中的不确定因素。

在经济全球化所伴随的市场竞争全球化的压力下，如何提供经济发展的机会和动力无不成为各国政府首要的问题。在此背景下，一些国家和地区召开各种形式的经济发展会议，研讨改善投资环境及解决产业问题的具体可行措施，以促进经济的可持续发展。这期间，一些环境行政决策的提出，如简化环境审查许可制度、弱化环境行政执法行为，甚至对一些环境污染行政行为采取容忍妥协措施。显然，环境问题的解决相较一般行政事务更具专业知识的要求。因此，无论是必要的事务调查或资料审核都难免更费时费力，倘若仅仅一味地强调审查日期的缩短，则容易造成环境利益的偏废，无助于协调环保与经济发展的冲突关系。

有鉴于此，环境许可程序的优化可能是达成简化环保审查程序目的的另一种思考方向。所谓许可程序的优化，是指国家利用或结合民间资源履行国家环境保护任务在行政程序方面的表现。国家任务私化在理论上又可分为以下几种可能的表现方式：一是将原本行政机关负责的部分程序交由许可申请人自行负责，而成为申请许可时应履行的法律义务；二是将专家学者纳入国家既有的程序机制当中，而专家学者或提供意见作为主管行政机关形成具体决定的基础，或与主管机关形成共同的决定；三是将程序当中的整体或部分审核与规划程序委托给私法性质的专家团体；四是国家也可对于许可程序中的部分审核程序不再负责，而以特定民间专家机构的决定或评议代替。由于环境许可程序私化所可能呈现的形态的多样化，实已跨越学说上数种既有的国家任务私化类型。就第一种类型而言，相当于所谓的实质性国家任务私化中的"私人义务承担"。至于第二种与第三种类型，则应分别归属于功能性的国家任务私化当中的"专家参与"与"委托行使公权力"。对于第四种类型的归属存在一定争议，这也反映出，学界关于环境任务民营化类型划分，还存在一些不完备之处。

第三节 公私合作环境治理的现实动因

一 传统环境法面临环境风险的挑战

（一）风险社会导致国家环境任务扩张

"风险"这个概念是在16—17世纪由早期西方探险家们首先使用并发展起来的。它最早出现于西班牙语和葡萄牙语中，意指在危险的水域中航行，后来才逐渐演变成英语单词。可见，"风险"一开始就带有空间的含义。后来，当"风险"被运用于商业和贸易中时，它与时间的联系变得紧密起来。[1] 这个术语也被进一步拓宽，用以指代其他不确定的情境。1986年，乌尔里希·贝克首次提出"风险社会"这一概念，他认为，风险和不确定性是一种经济行为的"准自然的"组成要素……这是一种我们必须去理解和面对的发展状况。[2] 英国著名社会学家、结构化理论研究大师安东尼·吉登斯用"失控的世界"来描绘风险社会的风险景观。[3] 埃尔德里奇指出，社会学的创始人都以他们自己的方式关注过与风险相关的问题。马克思则提醒人们注意资本主义生产方式是如何制造出各种不稳定性和悲剧的。[4] 涂尔干关注的是，由于社会过分强调经济发展，导致了道德规范的崩溃，从而带来了社会解体的危险。[5] 韦伯主要分析的是与科层组织（工业化的一个产物）的成长相关联的那些风险。[6]

---

[1] Moses J., Rosenhaft E., "Introduction: Moving Targets Risk, Security, and the Social in Twentieth-Century Europe", *Social Science History*, Vol. 39, No. 1, 2015, pp. 25-37.

[2] [德] 乌尔里希·贝克：《风险社会》，何博闻译，译林出版社2004年版，第267页。

[3] [英] 安东尼·吉登斯：《现代性的后果》，田禾译，译林出版社2011年版，第109页。

[4] [英] 大卫·丹尼：《风险与社会》，马缨、王嵩、陆群峰译，北京出版社2009年版，第9页。

[5] [法] 涂尔干：《社会分工论》，渠敬东译，生活·读书·新知三联书店2000年版，第123页。

[6] [英] 大卫·丹尼：《风险与社会》，马缨、王嵩、陆群峰译，北京出版社2009年版，第7页。

随着现代工业社会的转型发展，现代社会风险变得异常复杂，风险类型亦出现多样化的趋势，诸如经济与金融风险、核风险（核战争、核泄漏等）、突发公共卫生、自然灾害及其他类型的生态环境风险成为当今社会亟待解决的时代问题。这些"公共风险"密切关联着人类的环境、健康和安全，与传统农业社会的"私人风险"存在着截然不同的差异。[1] 由于公共风险的无处不在，有时是甚至无法避免，因此对人类和社会形成了极大的威胁，属于"集中或批量生产的、广泛分布的健康和安全风险，绝大多数风险都超出了私人的理解和控制能力"[2]。

环境风险作为公共风险的一种类型，是指对环境造成的风险或者以环境为媒介对人类造成的风险。当前环境风险从各个领域和层面对现代经济社会的发展造成直接或者间接的冲击，引起人们关注。例如，在全球气候变暖的影响下，地球的降雨模式发生极大改变，海平面加速上升或地区气温加速变暖，一些罕见的或者极端的自然灾害对世界造成极大的风险和威胁，甚至最新有研究认为，气候变化将使得地球96%人口大脑发育受影响。[3]

20世纪六七十年代，欧美等工业国家经济迅速发展，由此也带来许多污染的重负和工业危险化学品等环境风险的问题。刚开始，西方资本主义政府无法也不愿认真执行相关的环境法律法规，人民主要是通过社会运动促使政府等公部门重视环境问题。1962年，美国生物学家蕾切尔·卡森出版《寂静的春天》，揭示了DDT和其他杀虫剂对鸟类存在毒害的风险。[4] 她一开始也受到一些人质疑，但后来，肯尼迪总统不顾美国农业部的反对，专门召集杀虫剂政府调查小组，最终使得蕾切尔·卡森的科学观点得到政府和广大公众的认可。[5] 此后，西方各国正在这

---

[1] 宋亚辉：《风险控制的部门法思路及其超越》，《中国社会科学》2017年第10期。

[2] Peter and Huber, "Safety and the Second Best: the Hazards of Public Risk Management in the Courts.", *Columbia Law Review*, Vol. 11, No. 3, 1985, p. 277.

[3] 张梦然：《气候变化让地球96%人口大脑发育受影响》，《科技日报》2019年9月24日第2版。

[4] ［美］蕾切尔·卡森：《寂静的春天》，吕瑞兰、李长生译，上海译文出版社2008年版，第5—13页。

[5] ［美］J.R.麦克尼尔：《阳光下的新事物：20世纪世界环境史》，韩莉、韩晓雯译，商务印书馆2012年版，第344—348页。

样一些"自下而上"的环保运动冲击下,促使西方政府逐渐成为处理环境风险事务的主角。而今,我们甚至发现,当人们开始感知环境风险可能带来的某些灾害,或者风险已经产生某种程度的灾害,人们都会习惯性地在第一时间想到应该由国家承担责任。

随着现代社会的快速发展,环境风险已经成为社会发展的常态,环境风险所涉及的是对环境造成损害及通过环境对人类可能造成的不确定性,它所涉及的范围包括气候变化、危险化学品的处置、土地沙漠化、海洋生态资源的破坏、生态多样性的破坏、湿地和森林资源的破坏等各式各样的环境风险问题。不可否认的是,人们在面对这些环境风险所带来的灾害或者其他可能的不利影响时,会产生一些普遍的"恐惧"心态。这种社会的心态以及公众对政府的依赖心理,会促使广大公众通过不断的环保运动,或者通过一些法定的民主管道或者立法程序,直接或者间接地要求地方各级政府乃至国家制定出相关政策和法律。这一波环境风险对社会的影响层面很广,对不同专业部门的要求很高,所牵涉的领域横跨公部门与私部门,显示出国家任务在环境风险的背景下将大幅膨胀,甚至可能让国家既有的环境治理能力难以应付,因此,国家环境管制职能必须转型,有寻求新的管制手段的必要性。

(二) 从国家任务变迁因素看环境风险的任务

立宪主义国家讲究的是落实宪法和法治精神,它既要回应内在的合法性要求,也必须回应外在的政治、经济、社会的需要。因此,针对现代社会中不确定的环境风险,各国政府从宪法和法律的角度,规定了国家环境保护义务。与此同时,值得注意的是,国家环境保护任务会随时代的发展而呈现不同变化,这其中,最为主要的影响因素是市场与市民社会在国家环境治理架构下的运作关系。当然,该运作关系与自由主义信奉程度、时代变迁、社会文化及政府体制等密切相关。在今天全球化潮流的冲击下,国际化潮流也是推动国家任务的变迁不可忽视的因素。从较为宏观的层面分析,市场和市民社会等变迁因素主要集中在社会层面,通过社会与国家决策体制对话,除了影响到国家任务的数量外,甚至可能进一步对国家执行任务的管制工具产生影响。因此,在探讨环境风险对国家任务产生什么样的影响时,应该从以上对国家任务产生影响的因素切入进行探究。

不论是政府对经济市场加以管制，或对社会中的特定多数人以国家的力量进行扶助，介入程度的大小都与自由主义的信奉力度有关。由于环境风险涉及不确定性问题，必然导致国家介入社会事务的规制。但就国家介入程度而言，则主要取决于社会要求与国家介入的匹配程度，这其中市民社会扮演了相当重要的角色，而且与国家任务的量有所关联。另外，从市场的角度看，当代社会是否相信市场经济，也会影响国家采取什么样的方式来应对环境风险问题，如是否采取经济诱因的管制手段，或通过私部门的力量来完成国家任务等，都与社会是否相信市场能够解决问题有关，因此自由市场的信奉程度也可能会影响执行国家任务的质量。当然，社会经济对于人民生活的影响，除了市场经济信奉思潮的改变外，也同时对时代潮流产生影响，更让此等潮流的影响对国家任务产生冲击。因此，当环境风险所产生的问题对应到不同时代，恐怕在国家任务的量与质上都会有所不同，当某一市场管制手段失灵，而渴望国家来解决时，国家任务就可能会增加，此时可能使管制的质产生变化。当国家能量有限，而国家任务的数量大幅膨胀时，管制的手法也可能更为多元，除了市场手段外，也可以引进市民社会的力量，由此，在国家任务的履行上就可能产生类似"量变到质变"的现象。

（三）环境风险治理的"新型团结共同体"的提出

德国风险理论研究大师乌尔里希·贝克分析了现代社会由阶级社会向风险社会的过渡过程中的差异。他认为："阶级社会的驱动力可以归结为：我饿！反之，风险社会所触发的运动可以表述为：我怕！共同的焦虑取代了共同的需求。"[1] 显然，两种类型的现代社会展现出截然不同的价值取向，同时，现代社会的风险和不确定性问题最终导致了国家任务的变迁。那么，面对日益增加的环境风险任务，贝克提出建立新型团结共同体，并将之视为一种"生命体的团结"，这就是说，"身处风险社会的威胁之中……处置风险要求人们具备全局观和协作精神"。

事实上，贝克提出所谓的"新型团结共同体"，从环境法律关系或者环境治理主体的角度分析，可将其视为一种"多中心"治理主体，较为集中地体现了现代治理理论的核心理念。20世纪后期，治理理论

---

[1] ［德］乌尔里希·贝克：《风险社会》，何博闻译，译林出版社2004年版，第48页。

应运而生，得到学界的一致认同，对社会学、公共行政学和法学的发展产生了巨大影响。按照治理理论：社会治理（包括环境治理）应建立在多中心网络关系之上，而不是自上而下的官僚制基础之上。多中心意味着政府不再是单一的权力与权威核心。在治理过程中，除了政府之外，其他组织机构同样可以发挥重要作用，多中心治理也被称为多元治理。杰瑞·斯托克研究指出："治理理论始于认识到公共行政的主体已经超出了多层级的政府机构，而延伸至社区、志愿部门；和私人部门，这些部门在公共服务及项目实施中所扮演的角色是治理视角关注的重要领域。"①

多元治理理论为环境治理模式变革提供了新的思考维度。通过社会组织、公民个体与政府之间的"协作"可以实现多元"共治"的环境治理。"协作"强调了传统的环境权力在社会组织、公民个体与政府之间的重新配置；"共治"强调了协作的目的是实现环境利益相关方的整体利益最大化，推动社会公共利益的总体衡平。多元"共治"的环境治理体系中政府的角色由传统的强权控制转变为综合协调。环境权力的行使方式由传统命令服从式的直接管制转变为整合、动员等柔性规制方式，并根据实际需要，把握环境治理进程，适度采取管制措施。

作为行政相对方，社会企业、公民个体的主体角色同样发生了转变，他们不再是消极被动地参与环境治理活动，而是积极主动参与环境决策，甚至"变身"为某些环境治理行为的管理者和执行者。如在某些政府职能转移过程中，行业协会等公共组织已经成为环境治理的主要组织载体。对此，美国环境法学者斯坦佐研究认为，应强调重塑环境治理模式，放弃传统的命令管制手段，回归到公民社会的自我管制；佛西教授提出了合作型环境治理，提倡地方政府参与多元协商，执行合作型环境管制模型；甘宁汉则认为环境规制的模式的定位，应该是建构一种新型的协同环境治理模式。②

---

① ［英］杰瑞·斯托克：《地方治理研究：范式、理论与启示》，楼苏萍译，《浙江大学学报》（人文社会科学版）2007年第2期。

② 参见［英］蒂姆·佛西《合作型环境治理：一种新模式》，谢蕾摘译，《国家行政学院学报》2004年第3期。

依据卢曼的系统论，可以进一步分析阐述环境治理体系中多中心主体的关系和结构。从不同权力主体的关系来看，即不同的环境权力之间，也就是社会组织、公民个体与政府之间不仅存在着相互制衡的关系，也存在着相互协作的双向关系。对于政府的环境权力，纵向的上下级部门与横向的不同职能部门之间同样存在双向的法律制衡监督关系，以及相互的法律协作关系。据此，为有效应对风险社会的环境风险，环境共治体应以环境权力的优化为中心，着力建构环境协作机制，促进环境治理中政府、社会企业与公民个体的协商和沟通。通过及时把握法律规制手段与环境风险的互动关系，推动环境体制机制变革的正当化和理性化。

二　新时代环境共治模式变革之需求

（一）当前环境治理模式所面临的挑战与困境

以"先污染后治理""边污染边治理"为特征的传统环境治理模式的弊端，早已被人们所认知并试图做出改变。然而时至今日，由于社会经济发展的现实需要和环境管理体制机制的限制，传统的环境治理模式虽有所改革创新，但环境保护总体格局尚未发生根本的变化，政府"孤军奋战、收效不佳"、企业"被动应付、短视怠慢"、公众"消极观望、怨天尤人"的状况仍是主要制约因素和基本障碍。原因主要表现在以下几点。

首先，经济发展与环境保护的公私法权结构关系定位不清。从环境法权关系角度看，以市场导向的经济问题，大多是围绕法律私权展开相关的制度设计；而环境保护问题更多触及的是环境公共事务，一般需要从公法的角度建构相关法律制度。因此，在环境保护的法律制度设计中，二者时常存在公私法权冲突问题。由于法权的本质属性不同，法学理论界和实务界在制定环境保护法律制度或在建构市场经济制度时，往往忽视二者之间的法权本质属性差异，导致涉及经济发展和环境保护的立法问题，极易产生制度选择的两难困境。

其次，政府在环境保护法律机制建设中的角色定位仍不明确。其所应有的职能及其职权边界还不是十分清晰，政府越权行事或者不作为的现象时有发生。现有环境法律制度设计过多倚重政府的保护管控力量，尚未充分发挥市场的调节作用，从而在现有环境法治建设中，存在一些偏颇的认知，不仅使得政府的调节效率低下，有时甚至可能成为法律实施的羁绊。与此同时，现有的环境法律治理模式具有的强烈行政等级命令色彩，法律制度的设置缺少公众参与、行政协商等程序性法律要素，环境法律保护理念较为漠视程序正义等基本价值。

再次，传统的环境行政决策、实施与执行模式是集中的、单向的，且极为容易导致一些环境法律机制的运行走进僵化、等级制的误区。公共主体与公众之间缺乏平等交换意见的程序机制，环境信息、专业知识是自上而下的从行政机关流向公众。这决定了在关于环境事务的公共选择中，当下模式只能将制度建构的重心置于较高层级的决策活动（如环境法令的制定过程、行政规则的创制和司法机关的法律解释等），而使环境事务中处于较低位阶的公私关系、私人的角色、非政府组织的功能处于边缘化的地位。

最后，当前的状态下以非政府组织、社区、公众为代表的社会调节在环境保护法律机制建设中所发挥的作用仍然非常有限，主要原因还是缺乏良好的参与渠道。与此同时，政府、非政府组织、企业、公民个体等各种主体要素及其相关法律职责规定仍不清晰，在落实生态文明建设中缺乏相应的法律协调和保障机制。特别是目前国家、区域、地方立法已经落后于实践，地方性法规及其相关的环境立法与执法行为缺乏针对性、操作性。

综合而言，传统的环境法律治理模式显然没有能够很好地或者说尚未充分地贯彻"政府引领—市场驱动—社会支持"的法治内在逻辑思路。这正是当下中国环境保护体制机制与法律制度变革中"权大于法""经济压倒环境"、公众环境利益受损的根本症结所在。走出环境保护的困境，势必需要对传统的环境法律治理模式进行改革，从而推进我国环境保护体制机制与法律制度变革。

（二）环境治理的多元共治时代需求

在我国全面推进"依法治国、生态文明、五大发展"的时势背景下，要解决当前环境管理所面临的难题，必须实现从环境管理向环境共治秩序转型。这里的环境共治秩序的转型，绝非是简单的"管理到治理"的一个词的改变与区别，而是深入"环境治理体系"层面，贯穿

"政府引领—市场驱动—社会参与"的内在逻辑理性思路,积极推进环境治理的多元共治体制机制的创新改革。具体而言,针对影响我国环境治理多元共治秩序与法律制度变革效果的深层次矛盾和问题,创新并实施健全的中国环境治理的多元共治秩序,使得环境法律为生态文明建设在我国顺利推进提供有力保障。环境治理多元共治秩序与法律制度的变革必须深入"政府、企业、公众多元环境共治体系"层面,重构环境法权结构均衡权力—权利—利益之间的"三维"关系,重塑环境法律共同体,调整政府—社会—市场之间的"三元"关系;以大部制改革为核心,理顺中央—区域—地方之间的"三级"关系。

环境问题及环境治理有很强的生态系统性,而且环境问题的复杂性、相关性、公共性等诸多特点,决定了环境问题的解决、治理理念的推进,必须充分契合生态的系统性特点。在环境治理的具体方案设计中,充分凸显"体系"的路径依赖,从"体系建构与运行"的视角设计环境治理方案,促使环境治理多元共治秩序与法律制度变革方案的体系化,彰显环境治理多元共治秩序与法律制度变革方案体系化的优势。这也正契合了生态系统中环境问题解决的特殊需求,有利于解决当前环境管理所面临的难题与其困境,充分把握与实现环境管理到环境治理的转型,实现治理的效果及目标。

环境问题及环境共治秩序与法律制度变革涉及多元主体。党的十八大以来,中央多次强调要"加快形成党委领导、政府负责、社会协同、公众参与、法治保障的社会管理体制"。[①] 中央的决策一方面充分体现了法治在环境共治体系建构与运行中的内涵组成,发挥法治保障在环境多元共治体系建构与运行中的作用;另一方面,这一重大决策也说明党和国家注重通过顶层设计,强调增强国家与民众的对话,增加社会和公众对立法执法环节参与的重要性,从而使得我国社会共治的理论逐渐显现。有学者认为,社会共治不同于传统的协商民主,它既强调党政主导,又强调了社会的参与,其对象是解决社会治理问题,本质是如何解决公权与私权的合作问题。[②] 事实上,社会共治或者说社会协同治理理

[①] 《习近平新时代中国特色社会主义思想学习纲要》,人民出版社2019年版。
[②] 唐清利:《公权与私权共治的法律机制》,《中国社会科学》2016年第11期。

论，同样为环境共治秩序与法律制度变革的改革创新提供了顶层的理论依据。环境法学研究应以社会共治作为重要理论基石，借助法学的规范和实证等研究方法，重点围绕政府、企业、公众多中心环境共治体系建构与运行的必然性、应然性、必要性、实然性、实效性等问题，深化环境共治制度与法律制度变革的创新性研究。

三 公私合作因应国家环境职能转型

环境风险社会的一个伴随物是"规制国家"（regulatory state）的形成。但是，"规制国家"是基于这样一个理念：一种新的制度和政策形式出现了，政府作为风险管理者的角色增强了。同时，政府作为"直接雇主"的角色淡化了。[①] 这就要求，政府对自身环境职能转型过程中，尤其需要注意强化环境治理的公私合作，也就是，既需要企业、社会组织和公众等加强自身的风险防范意识和制度建构，也需要我们的政府积极承担环境风险规制的政府担保责任。

（一）理念转变：从被动反应到主动保障

政府对环境风险主动管理是一项系统性、专业性、科学性和综合性很强的工作，主动保障是政府风险管制实现"预防为主、关口前移"的一项重要基础性工作，因此，环境风险管制的理念必须转变，即应从"被动反应"转变为"主动保障"，尽量做到"有备未必无患，无备必有大患"。建立科学、规范、系统、动态的环境风险管控法律机制，制定有效的风险控制的法律规范性文件，切实做到预防与处置并重、评估与控制结合，进一步从更基础的层面提升环境风险规制工作水平的必然要求。总体而言，我国环境风险管理工作刚刚起步，同时受现有的体制、文化和环境等因素制约，国外的成果和经验很难直接应用于政府环境风险管理实践。未来的政府环境风险管制工作，我国必须从国内经济转型和国际环境风险管制新动向的时代背景出发，在巩固现有的政府环境风险管制工作成果的基础上，进一步推动我国政府对经济社会的运行管理的风险估测、风险预警和风险防范等工作的开展，地方政府的环境

[①] ［美］戴维·莫斯：《别无他法：作为终极风险管理者的政府》，何平译，人民出版社2014年版，第112页。

风险规制行为应按照预防与应急并重、常态管理与非常态管理结合的原则，从源头入手，通过标本兼治真正实现政府管制从被动应付到主动保障战略转变，从而为实现地方经济社会乃至整个国民经济的长远繁荣、社会的长治久安奠定坚实的基础。

同时，还应该注意到的问题是，现代环境风险的特性决定了政府制定规制措施的基调是：环境风险规制行为应该不完全是根除或被动防止风险，也非简单考虑风险的最小化，而是想方设法去控制那些通过人为的因素且可以事前防御的公共风险，或者是基于比例原则，以最少的利益损害，尽量公正地分配公共风险。传统的行政法规制手段着眼于事后的干预与应付，对公共风险的防范显然有些力不从心。现代的环境法学根植于传统的公法学基础之上，仍然是以环境国家与公民社会的二元对立作为基本的逻辑起点。尽管其价值的最终取向是保障个人的环境权益而建构一整套的法益概念，但是在环境法律责任形式上，却是强调以对个人责任的追究为中心，认为环境责任的产生，从本质上看，是行为人自由意志选择违法行为，因此，其必须承担相应的法律责任。显然，这种以环境责任承担为导向的环境法在解决公共风险问题时，无法真正彰显法律对环境法益的保障。传统环境法学过分强调合法性和个人责任的承担，较少涉及政策层面的分析。正如美国学者所批评的那样："行政法学自己提出问题并自己解决问题的时代已经走到了它的尽头……这门学科的基本变量和范围已经被限定，而行政法学者所提出的问题在这些变量和框架内已经不能得到完美的回答……传统行政法学永远不能告诉我们，什么是好的政策，什么才是理想的政治图景。"[①]

（二）方式改变：从单一决策到公众参与

应对环境风险，依靠单个治理主体往往是无法完成的，需要建立环境风险共担的新治理机制，谋求各个环境治理主体之间的合作互补。包括政府和企业、公众在内的所有社会组织和行为主体都是环境治理的参与者和行动者，都是环境风险治理的权力（或者权利）享有者、具体责任的承担者。在现代国家的时空背景下，一种全景式的公私合作环境

---

① Joseph P.Tomain and Sidney A.Shapiro, "Analyzing Government Regulation", *Administrative Law Review*, Vol.49, No.6, 1997, pp.37-92.

治理的新动向正在生成。[1] 对此,我国台湾地区学者詹镇荣教授认为:国家高权主体与私经济主体间本于自由意愿,透过正式之公法或私法性质双方法律行为,抑或非正式之行政行为形塑合作关系,且彼此为风险与责任分担之行政任务执行模式。[2] 因此,面对现代环境风险,传统的环境治理方式必须改变,政府不再是风险规制的唯一主体,更不应是单一的决策者。企业、公众作为环境治理的利害关系人,同样有权参与环境治理决策及其实施全过程,并能够基于自我意愿,通过合同等法定的方式,与政府展开环境治理合作。

对经济社会发展不确定性的关注与日俱增,导致了一个"风险共同体"(risk community)的产生和发展。这个风险共同体的成员来自政府、产业界、工会、公众及其代表,[3] 从某种意义上说,风险共同体覆盖了所有人群。诺贝尔经济学奖获得者阿马蒂亚·森教授曾经指出,参与权是一种有效可行的办法,可推动社会重建联系。[4] 随着风险共同体的重建,现在对风险的评估和防范将是一个多维度的、从"不可接受的"到"可接受的"的连续体。

就企业、公众参与环境治理而言,毫无疑问,"参与权"的行使可以推动重建环境治理的"利益共同体"。因此,从环境治理利益共同体的角度分析,大致可以认定,环境治理多元主体机制的形成,既是一个政府、企业和公众等多元主体利益互相冲突与相互协调问题,又是一个通过企业和公众参与,最终实现多元主体利益的共赢机制。企业和公众的利益要求及权利需求,与政府环境保护利益及公共利益,均为法律应当竭力维护和充分保障的正当利益和权利。他们相互之间的利益冲突本质上是正当利益之间的冲突问题。这种利益上的冲突,从法的本质属性上看,应属于非对抗性的利益冲突,不是非此即彼无法共存的利益冲突关系。环境治理的实践经验告诉我们,环境治理涉及的政府、企业与公

---

[1] 章志远:《迈向公私合作型行政法》,《法学研究》2019年第2期。

[2] 詹镇荣:《公私协力与行政合作法》,新学林出版股份有限公司2014年版,第11页。

[3] Adam B., Beck U., Loon J., *The Risk Society and Beyond: Critical Issues for Social Theory*, London: Sage, 2000.

[4] [印]阿马蒂亚·森:《以自由看待发展》,任赜、于真译,中国人民大学出版社2002年版,第158页。

众的利益关系，大多数是正当利益之间的非对抗性的冲突关系。法律应当秉持同等的保护立场，审慎处理环境治理中的利益冲突关系，决不可为了保护一个正当利益而否定，甚至恣意侵犯另一正当利益。德国著名法学家阿列克西明确强调：正当利益之间的冲突本质上是利益所储存的价值发生了冲突，对于价值不能用排除的方法解决，只能用"权衡"的方法来解决。① 环境治理多元主体机制为政府、企业和公众之间的利益协调提供了正当性和合理性的前提与基础，同时也为他们在利益衡平过程中达成共识、公众参与提供了正当性和合理性的前提与基础。

（三）工具运用：从控制型到激励型规制

现代环境行政的发展趋势已经很清晰地表明，命令控制型规制可能会使得政府环境风险规制对象陷于高度瘫痪状态。因此，尽管民营经济取得了突飞猛进的发展，但是，不能忽视的是，政府的一些环境高权控制或者是漫不经心的环境管制行为，如地方环境执法权力的滥用，可能使得民营经济的发展面临严重的风险甚至是生存危机。政府环境规制工具必须从控制型向激励型规制转变，政府适时适当的诱导性规制应当成为环境执法经常采用的规制工具。

就经济激励型政府规制而言，这里需要强调两个主要观点：其一，是对危害经济行为施加财政处罚和经济激励问题。据此，对于造成民营经济秩序混乱或者损害的经济主体可以由地方政府施加财政处罚。与此相反的是，可以尽可能多地对那些减少经济危害的民营经济主体给予经济激励，如给遵守市场经济规范行为的民营企业予以税收减免等优惠措施。这种以经济激励为诱导的政府风险规制方式应当尽可能多地运用，成为补充甚至是取代命令控制型规制工具。其二，需要适时创新一套政府风险规制的措施。政府应当如何对待那些已经违反民营经济秩序，而受到民事或者刑事法律惩罚的经济主体呢？传统的方式是实施严厉的惩罚。但是，随着时代发展，这种民事或者刑事法律惩罚手段并非达成有效规制的良善措施，因此，一些地方政府以一种创造性替代途径获得了对民营经济发展风险更好的防范方式，其意在要求违法者采纳政府部门保护性风险防范方案，放弃部分法定的民事惩罚对价。在温州地方环境

---

① 转引自李启家《环境法领域利益冲突的识别与衡平》，《法学评论》2015年第6期。

治理的过程中，法律和政策工具经历了从强制性管制向自愿性治理的转变。温州地方政府通过各种激励型措施支持、鼓励和引导行业协会自愿性参与环境治理，通过法定程序，将一定的环境行政权力委托给行业协会。例如，温州市环保局发布《行业协会参与环保管理试点实施方案》，选择电镀行业协会、电子电路行业协会、化工行业协会、合成革商会、服装商会印染水洗分会五家行业协会为试点单位，参与承接技术性服务性职能。近年来，温州市人民政府通过地方性立法，积极逐步完善相关柔性环境执法手段和环境行政执法和解机制，为行业协会实施自愿性环境治理行为提供了一个良好的成长环境。[①] 从而在地方政府、行业协会和企业之间形成了一种良性互动机制，行业协会实施自愿性环境治理正是这一关系运行合乎逻辑的结果。[②]

[①] 参见 2020 年 1 月 1 日温州市人民政府制定实施的《温州市优化营商环境办法》第 31 条规定：行政执法机关应当按照教育与处罚相结合原则，对市场主体推行下列柔性执法方式：（一）采用告知、建议和劝导，预防违法违规行为；（二）采用约谈或者告诫纠正轻微违法违规行为；（三）通过行政调解化解矛盾纠纷；（四）采用行政协议规范政府、行政机关和市场主体的权利和义务；（五）其他非强制性执法方式。实行涉企轻微违法行为依法免罚制度，定期梳理公布涉企依法不予行政处罚事项目录。

[②] 周莹、江华：《行业协会实施自愿性环境治理：温州案例研究》，《中国行政管理》2015 年第 3 期。

第二章　公私合作环境治理之法理分析

学界对公私合作环境治理的研究，或聚焦风险社会理论，或重点阐述合作共治理论，或关注于国家职能转型变迁理论等。由于观察视角较为单一，从而导致法理模型建构和法治路径选择存在一定偏误和疏漏。无论是理论还是实践，公私合作环境治理涉及面都甚为广泛，需要采取多维的视角对之予以解读，保持开放性法理分析姿态，因应实践的适用性。基于此，本书采取从宏观到中观的观察角度，系统提出环境风险与多元共治理论、国家职能变迁与环境治理行为形式选择理论、国家担保行政与环境保护义务理论等理论体系，意图全方位、多维度对公私合作环境治理的法律体系进行理性的分析与研究。

第一节　环境公私二元论与合作治理的兴起

一　环境公私权从二元分立到多元共治

（一）环境公私权二元分立论及其演变

传统上，国家公权与社会私权二元论是大陆法系国家法律体系建构的理论基础。从19世纪迄今经历了近300年的历史，依据二元论的观点，国家公权被理解为具有目的理性，有权制定法律规范，拥有法定组织的统治团体，其功能也限于做出政治决策，但不能不及于社会整体。社会私权被认为先于国家公权而存在，一般是通过自发自治逐步形成自我管制秩序，受到私法自治原理支配，社会团体向其自我目标自由发展，有免受国家支配的自由。国家与社会各自有其天地，互不干预。问题在于，同为现代国家，英美法系国家将国家公权视为社会整体权利的一部分，无须依靠二元论。大陆法系国家的法学家认为，国家公权与社会私权二元论产生于君主专制时期，是一种为避免君主极权的制度设计，在民主宪政国家，主权在民，政府的正当性取决于定期选举，国家与社会二元论存在的基础已经消失。德国学者甚至认为，国家社会二元论在魏玛宪法中虽有依据，但在基本法中，国家与社会应视为整体。或者主张二元论是夜警国家时期的观念，在现代福利国家中，国家功能拓展，与社会区分的界限已经模糊，不如放弃这种陈旧理论。还有学者基于多元国家理论，认为在不同利益团体、政党多元竞争的国家，应挣脱国家与社会二元论的桎梏。[①]

尽管公法与私法二元论越来越多地受到学界的质疑和挑战，但是二元论在早期的西方法学界具有相当大的影响力，甚至一度成为统帅整个法律体系的秩序基石与基本范式。从现代环境法的基本演进历史看，自工业革命以来，机械大生产带来了大量的环境问题，解决工业革命的副产品——现代环境问题及其引发的环境风险问题，需要国家不断强化对社会、经济等各个领域的统治，从而呈现国家、政府与社会、市场之间互相影响、互相交融、互相作用的格局。一方面，在大陆法系法律体系中，国家与政府的地位和作用不断提高，不再仅仅局限于"守夜人"的角色。国家作为环境公共利益的维护者，通过强化环境规制等手段，对涉及环境事务的社会经济领域进行干预和控制，传统"经济发展至上"原则不再具有绝对意义，为了维护广大公众的环境公共利益，国家需要牺牲一定的社会经济利益。另一方面，为适应社会发展的要求，传统的环境管理模式从"刚性行政""管理行政"逐渐让位给"柔性行政""服务行政"，契约式的环境管制（如环境行政合同）和灵活性较强的环境柔性管理，如环境行政指导等被日益广泛地运用于环境管理活动之中。国家作为市场经济主体，通过各种方式广泛参与了社会经济生活，国家与社会开始相互渗透，"私法公法化""公法私法化"以及"混合法"相继登场。"所谓'私法公法化'，主要是指公法对私法领域控制的强化，从而形成对'私法自治'原则效力的限制。""公法的私法化，是指国家权力除了原本的公法手段以外，同时采取了大量的私法手段对社会和经济生活进行干预，这必然导致某些传统的公法关系向私

---

① 葛克昌：《国家与社会二元论及其宪法意义》，《台大法学论丛》1994年第1期。

法关系的发展。"这一发展导致私法上的原则、理念、行为方式等渗透或移植到传统的公法领域。而"所谓'混合法',是指公法与私法相互渗透过程中逐步形成的'新的部门法',包括环境法、经济法、社会保障法、劳动法、消费者权益保障法等"。这些新的部门法既有国家强制的公法特性,又有私人自治的私法特征,很难根据公私二元理论予以区分,公私法二元论逐步开始遭受质疑和挑战。

(二) 环境公私权的多元共治应运而生

在公权与私权逐渐走向交融,国家、政府与社会、市场之间出现互相影响、互相交融、互相作用的发展趋势。到了20世纪后期,在一些西方国家,社会传统的治理模式面临一个自然转型发展的过程,治理理论逐渐得到国家社会的广泛重视,[①] 对社会学、公共行政学和法学的发展产生了巨大影响。按照治理理论:它所要创造的社会治理结构或秩序不能由国家、政府从外部强加;而是要依靠国家、政府、社会、市场等多种力量进行统治,并且这些主体行为者之间能够互相发生影响。因此,现代的治理模式(包括环境治理模式)应建立在多中心网络关系之上,而不是自上而下的官僚制基础之上。多中心意味着政府不再是单一的权力与权威核心。在治理过程中,除了政府之外,其他组织机构同样可以发挥重要作用,多中心治理也被称为多元治理。杰瑞·斯托克研究指出:"治理理论始于认识到公共行政的主体已经超出了多层级的政府机构,而延伸至社区、志愿部门和私人部门,这些部门在公共服务及项目实施中所扮演的角色是治理视角关注的重要领域。"[②]

多元治理理论为环境治理模式变革提供了新的思考维度。通过社会组织、公民个体与政府的"协作"实现多元"共治"的环境治理。"协作"强调了传统的环境权力在社会组织、公民个体与政府之间的重新配置;"共治"强调了协作的目的是实现环境利益相关方的整体利益最大化,推动社会利益的总体衡平。多元"共治"的环境治理体系中政府的角色由传统的强权控制转变为综合协调。环境权力的行使方式由传统

---

① 徐勇:《治理转型与竞争——合作主义》,《开放时代》2001年第7期。
② [英] 杰瑞·斯托克:《地方治理研究:范式、理论与启示》,楼苏萍译,《浙江大学学报》(人文社会科学版) 2007年第2期。

命令服从式的直接管制转变为整合、动员等柔性规制方式,并根据实际需要,把握环境治理进程和适度采取管制措施。作为行政相对方,社会企业、公民个体的主体角色同样发生转变,他们不再是消极被动地参与环境治理活动,而是积极主动地参与环境决策,甚至"变身"为某些环境治理行为的管理者和执行者。如在某些政府职能转移过程中,行业协会等社会组织已经成为环境治理的主要组织载体。对此,美国环境法学者斯坦佐研究认为,应强调重塑环境治理模式,放弃传统的命令管制手段,回归到公民社会的自我管制;① 佛西教授提出了合作型环境治理,提倡地方政府参与多元协商,执行合作型环境管制模型;②③ 学者甘宁汉则认为环境规制模式的定位,应该是建构一种新型的协同环境治理模式。④

依据卢曼的系统论,可以进一步分析阐述环境治理体系中多中心主体的关系和结构。从不同权力主体的关系来看,即不同的环境权力之间,也就是社会组织、公民个体与政府之间不仅存在着相互制衡的关系,也存在着公私协作的双向关系。对于政府的环境权力,纵向的上下级部门与横向的不同职能部门之间同样存在双向的法律制衡监督关系,以及相互的法律协作关系。据此,为有效应对风险社会的环境风险,环境共治体应以环境权力的优化为中心,着力建构环境协作机制,促进环境治理中政府、社会企业与公民个体的协商和沟通。通过及时把握法律规制手段与环境风险的互动关系,推动环境体制机制变革的正当化和理性化。

(三) 环境公私权的多元化与自主化协调发展

环境公私权的多元共治,不能回避环境治理中的市场和社会的自主

---

① Steinzor R. I., "Reinventing Environmental Regulation: The Dangerous Journey from Command to Self-control", *The Harvard environmental law review*, Vol. 22, No. 1, 1998, pp. 103–202.

② Forsyth T., "Cooperative Environmental Governance", *Journal of China National School of Administration*, Vol. 25, No. 3, 2004, pp. 92–94.

③ [英] 蒂姆·佛西:《合作型环境治理:一种新模式》,谢蕾摘译,《国家行政学院学报》2004 年第 3 期。

④ Gunningham N., "Environment Law, Regulation and Governance: Shifting Architectures", *Journal of Environmental Law*, Vol. 21, No. 2, 2009, pp. 179–212.

化发展，正是基于市场和社会主体的自主化发展，从而形成了对环境治理中公权力的分割与制衡。建构多元共治的环境治理体系，核心问题仍然应该是如何协调环境治理过程中公权力与私权利之间的法律关系。环境治理中国家、政府与市场、社会之间的矛盾和摩擦，最集中地体现为环境治理的一体化与社会自治性问题。区域环境治理强调的是打破区域体制内传统的条块分割局面，在区域范围内实现环境权力的统一；建构公民社会的基本逻辑强调的是主权在民、抵制区域范围内权力的统一实施，主张公民社会自主与自治。在一定程度上，区域环境治理与公民社会关系的紧张除了二者利益交割和争夺之外，还在于它们的权力运行机制不同，前者是自上而下型，后者为自下而上型。为了坚持自治，公民社会组织必然会对环境主管机关的不合法、不合理的强制性环境命令和任务采取抵制和防御手段。而区域环境机关为了贯彻区域一体化的指令和任务必须干预公民社会自治性事项，这正是环境行政机关与公民社会组织关系紧张的关键所在。区域环境治理中的公权力机关与公民社会组织的内在矛盾和成长困境，实际上是一种具体利益的矛盾和冲突，主管公民社会组织的环境行政机关主要代表区域政府利益或以政府名义运用其权力，而公民社会组织主要反映和表达集体与组织会员的意愿和要求。

遵循区域治理中的公权力与公民社会的自治权关系的研究路径，分析当前我国公民社会组织及其成长过程中所面临的困境，能够较好地把握当前面临一些问题的首要矛盾和基本特征。但是，基于对现实问题和状况的反思，需要追问的是：为什么我国市民社会成长和参与区域治理会受到来自诸多外界力量的掣肘和制约？有学者在讨论这一问题时，使用的是"市民社会发育不成熟""缺乏有效的参与渠道"和"市民社会意识亟须增强"等话语，这表明，在这些学者的脑海中可能暗含着这样一种逻辑假设，即在区域治理过程中，只要市民社会组织充分发育，强化好市民社会的参与渠道和增强社会意识，就可以理顺市民社会参与区域治理的各种关系，创造出如火如荼、生动活泼的区域环境治理。

笔者认为，当讨论市民社会参与区域环境治理的意义、作用及问题时，首先应该明确这样一个前提，即在区域环境治理过程中，市民社会组织是否为一个真正意义、完全独立自主的权力—利益主体？如是，市民社会就应该是一个能以区域治理范围为其权力行使边界的区域自治组织，也是一个能够在法律规定的范围内不受干涉地独立行使权力、对区域治理范围内涉及公民切身利益的事务享有独立的决定权及处置权的法律主体。因而，市民社会组织应该具有这样的本质特征——法律自治主体性，即能够在区域治理的过程中有效参与并决定区域公共事务，特别是针对市民社会及其组织内部成员切身利益的事务享有决策权；能够与行政机关平等地谈判，或者交涉相关利益问题；能够保护并捍卫自身权益不受侵犯。因此说，区域环境治理中的市民社会应该是多元的，被广泛赋予了自由、平等精神和个体价值追求的权力—利益主体。但同时，也是一个具有节制个人、地区和区域内集团特殊利益与需求的，被"实质性市民认同"[①]的法律自治主体。

市民社会受到区域环境治理制度的包围，市民社会组织的每一步发展都必然受到制度环境直接或间接的影响。各种正式或非正式的法律规则，对作为市民社会主体的民间组织的各个方面，发挥着这样或那样的作用，并最终塑造着市民社会组织的形态、特征及其在社会政治法律生活中的角色和地位。在区域治理中，如果市民社会组织缺乏独立完整的法律主体性推动，那么，市民社会组织的权利就无法实现，区域治理也就没有必要实现。正如杜兹纳指出："没有法律主体这个重要的概念，权利就不能存在，法律主体是个高度抽象的定义，法律主体的骨髓附着些许义务之肉和无色的权利之血。"[②] 因此，没有市民社会的法律主体的存在，权利就失去了基本的凭借，当然区域治理也就失去了存在的意义。

二 从环境管制革新到公私合作治理

（一）传统环境管制模式的革新

随着公私法的不断交融，环境问题的多样性、突发性和技术性等特

---

① [美]亚历山大主编：《国家与市民社会：一种社会理论的研究路径》（增订版），邓正来译，上海人民出版社2005年版，第62页。

② [美]科斯塔斯·杜兹纳：《人权的终结》，郭春发译，江苏人民出版社2002年版，第255页。

性，对现代环境管理提出了更多的需求。20世纪以来，国家作为环境公共治理的责任主体和优质环境质量的给付主体，为世界各国所共识，"环境国家"应运而生。[①] 18世纪60年代工业革命以来，世界各国在经济社会取得长足发展的同时，也面临着日益增长的生态环境问题，从而形成经济社会发展与环境保护的"两难困境"，即政府财政状况日益恶化，但民众需求却日益增多，环境事务的复杂化与多样性持续不断地增加了政府环境保护的任务，进而使得政府资源有限性的矛盾日益突出，各国政府无不致力于政府环境规制职能再造工程，希望"师法民间"精神。在此诉求之下，"合作"作为一种行政法治理念开始受到了各国的重视。正如弗里曼教授所言："我们必须认真对待私人权力，通过合作治理，可以使政府的权力得到合理化的适用，进而推动法学的发展。"[②]

在合作理念的指引下，国家环境行政机关与诸多企业、社会组织、公众之间的距离被逐渐消弭。环境行政机关不再自己单方实施环境治理行为，提升环境公共服务和环境公共质量，而是企业、组织与个人合作。具体而言，国家环境任务与社会关系的转变包括以下几个方面：（1）主体，不再强调国家之中心地位，而是分散、多中心的任务实现结构。（2）管制模式，不再拘泥于国家高权或中心地位，而是考虑如何利用或搭配不同任务实现逻辑之"分散的脉络管制"或"工具化之社会自我管制"。（3）法律理性，从"形式理性"到"实质理性"或"反思理性"。（4）行政行为形式，从高权式的行政行为到合作式的行政行为。（5）国家任务不再局限于履行责任，而是有各种不同的责任形态之可能。

公私合作环境治理成为一种全球化的趋势，包括我国在内的世界各国纷纷展开了以"合作"治理为价值取向的环境体制的改革。这一方面得益于公私二元交汇与融合下的"合作"理念之产生；另一方面也

[①] 陈海嵩：《环境治理视阈下的"环境国家"——比较法视角的分析》，《经济社会体制比较》2015年第1期。

[②] [美] 朱迪·费里曼：《合作治理与新行政法》，毕洪海、陈标冲译，商务印书馆2010年版，第315页。

是根源于社会事务的复杂化、多样性与政府资源有限性之间的矛盾。"引进民间部门的特性,使其能协助政府共同来提供公共服务,或许能改善政府部门僵化的行政效率,因应民众的需求。"20世纪80年代初,英国为扭转财政赤字状况,抵御经济恶化形势,在公共建设领域引进私人力量进行竞争以刺激经济,提高经济建设效率,被称为民营化运动。法国、德国等西方发达国家在市场管制范围内开展经济、科技等领域的民营化运动。随着民营化的不断推进,行政面对所处环境之变化,以及相较其他社会力量,它已逐渐开放,事实上也不得不开放。私人参与的范围不断扩大,并从经济领域逐步延伸到社会管制领域,即"非透过市场交易,而系由于市场之外部效力产生弊病之可能,为防止此弊病之发生所为之管制,亦即社会生活之基本条件之管制"。例如,生活垃圾等固体废弃物的管制及危险化学品管制,环境公害防治及自然资源的保护等环境规制手段的运用等。在这场环境治理合作式管制革新的全球化浪潮中,中国作为世界政治、经济的重要组成部分不可避免地受到影响。1978年党的十一届三中全会决定实行改革经济政策和对外开放政策,高度集中的计划经济体制逐步转向了市场经济,国家从市场领域中逐步退出,民营化浪潮的序幕就此拉开。时至今日,民营化仍在不断地深入,其规模和类型也在不断地发展,政府也通过多种途径鼓励社会资本参与基础设施、公用事业投资和运营,甚至是在政府高权行政中也开始引入民间力量。

(二) 公私合作治理及其均衡价值问题

对处于转型期的中国,特别需要强调国家、市场与社会三种关系均衡发展,公私合作环境治理能够较好诠释该均衡价值。

传统的环境治理思路存在这样的思维定式,即人为预设"市民缺乏主体性"前提,强调"政府主导一切"。将环境视为纯粹且不可分配的公共物品,政府成为唯一的环保力量和环境利益的分配主体。实践中,常常基于管理者的思维,以行政强制为主,忽略行政指导、经济激励等市场柔性机制。这种"全能型家长主义"的环境治理模式,事实上导致的后果是:社会和公众的环保"综合依赖症",即社会普遍存在"公益的实现能使个人利益自然获得满足"和"政府有能力制定正确计划以指挥和引导社会"等依赖心理。但值得注意的是,"全能型家长主义"可能带来这样负面后果：处理环境事件，可能极端强调公益，无视公众私益；在一些地方环保执法活动，不受限制而肆意侵犯私益的情况还时有发生。长此以往，这种"全能型家长主义"的环境管制模式，可能加剧政企不分、公私对立的二元控制体系，抑制了环境法在协调环境利益与经济利益冲突中应有的作用。

随着市场经济体制的逐步健全，企业和社会组织等市场主体逐步成长成熟，经济主体和法律主体意识逐步觉醒并被培养。在环境治理过程中，因为他们自身的环境利益追求，需要确定其第二性、第三性的法律主体地位，以此维护他们合法的环境权益。就整体的环境利益分配协调机制而言，传统的政府一元利益格局，逐步向政府、市场主体和公众的多元共享格局发展，由此形成一种新的法律利益调整机制，维护多元共治格局。在这种多元共治格局中，每一主体将围绕各自的环境利益与外部利益主体发生法律上的交集和互动，从而形成环境利益与经济利益、环境公益与环境私益、中央环境利益与区域环境利益等错综复杂的利益关系网络。对这些环境公益和私益的冲突和整合，亟待国家进行环境治理体制的改革，特别是基于合作治理理念构建利益调整机制。

环境多元共治理论的提出及其在实践中的运用，也改变了传统的环境治理的中央和地方关系，以及区域内环境治理主体之间的法律关系，主要涉及以下四方面：（1）中央政府与地方政府关系；（2）地方政府间关系；（3）地方政府与企业部门关系；（4）地方政府与公民社会组织关系。在属性上，前两者属于政府间的府际关系（Intergovernmental Relationship，IGR）；而后两者则为公—私伙伴关系（PPP）。在我国现行的框架下，中央政府与地方政府是一种垂直的府际关系，而地方政府间由于彼此政权运行的机制是平行的，构成了一种水平的府际关系。目前多数研究文献中关于区域治理或跨域治理主体性问题的研究，主要围绕这种水平府际关系展开讨论。对于公—私伙伴关系，即地方政府与企业部门，以及地方政府与公民社会组织关系的研究，学界关注的重点在于：如何创造和设计一些制度环境，推动和实现市民社会更好地参与区域治理。[①]

---

① 肖磊：《公民社会参与区域治理：一种双向进程》，《探索与争鸣》2011年第7期。

根据区域治理研究重点的不同,大致可将其分为以下三个阶段:第一阶段,注重研究如何处理都市化及其成长问题,往往通过行政区划调整的方式与策略来解决;第二阶段强调功能整合问题,着重研究如何进一步提升地方政府的管理能力,以满足公民社会多元与多样化的需求,通常通过地方政府间行政协议、行政契约的方式发展合作关系,达到功能整合的效益;目前研究已处于第三阶段,除延续对前两阶段问题的关注外,同时更加强调对区域治理能力的研究。因为地方政府除了受都市化的冲击之外,也面临着全球化的挑战,各地政府希望能够跨越行政区域的界限,通过区域经济社会的协调发展,以政策议题为导向,通过建立伙伴关系,整合资源以发挥治理的综合效能,提升区域整体竞争力和治理能力。

在此背景下,区域环境治理的观念已由传统的较为封闭和狭隘的旧地方主义,转变为强调权力或资源互赖、实施开放和区域合作的新地方主义。一些地方政府基于本身的发展需求和治理问题的纾解,越来越重视水平府际关系的协力合作管理。但是,随着区域环境合作的深入发展,区域治理中的矛盾和问题开始显现,一些区域环境问题日趋严重,已成为区域经济一体化发展的最主要障碍。在区域环境治理过程中,为了满足不同环境利益主体提出的要求,产生了大量的地方利益集团,它们从事着各种不同类型的治理行为。这种差异性和多样性在区域环境事务的管理上容易出现权力真空和治理盲区,难以达到区域环境的有效治理。例如,各地方政府往往囿于局部的地方利益,对区域环境问题采取"不作为"的态度;另外,还有些地方政府寄希望于"搭便车",不想付出治理成本而坐享环境治理绩效;更有甚者,一些地方政府借机维护地方利益,不惜损害区域整体利益,造成区域治理问题持续滋生的恶性循环。[1] 此外,区域环境治理的主体还可能合法地将其决策强加于人,甚至组成多数联盟去剥夺他人利益以自肥。在一些人能够利用特定治理主体所拥有的特权去压迫另一些人的地方,区域环境治理过程就会成为一种"恶"。这对任何给定的治理伙伴关系来说都是一个两难问题,必

---

[1] 金太军:《从行政区行政到区域公共管理——政府治理形态嬗变的博弈分析》,《中国社会科学》2007年第6期。

须在维护伙伴关系与维护一方利益之间做出权衡和选择。

面对上述挑战，杰瑞·斯托克指出："治理理论始于认识到公共行政的主体已经超出了多层级的政府机构，而延伸至社区、志愿部门和私人部门，这些部门在公共服务及项目实施中所扮演的角色是治理视角关注的重要领域。"[①] 詹姆斯·罗西瑙则主张授权给公民：假定存在一个这样的世界，在其中没有政府的治理日益发挥了作用，权威的体现方式变得更加非正式，合法性变得不断模糊，那么公民通过获知在什么时候，在什么地方如何参与集体行动来把握自己的能力就会不断提高。[②] 金太军教授在对政府治理形态嬗变的博弈分析后，认为区域治理追求的应该是"多中心"的、分散的、合作的权威，强调区域政府与市民社会的良性互动，以公共权力运行的多元性和分散性为其基本特征。[③] 因此，区域环境治理的理论和实践离不开市民社会的参与，区域环境治理能力的提升，以满足市民社会多元与多样化的需求为基本前提。

我国学者俞可平研究指出："市民社会的组成要素是各种非政府组织和非企业的公民组织，包括公民的维权组织、各种行业协会、民间的公益组织、社区组织、利益团体、同人团体、互助组织、兴趣组织和公民的某种自发组织等等。"[④] 这些市民社会组织，"它们在区域治理中，承担着重要功能并发挥着巨大作用"。显然，在这里，市民社会的发展对区域治理的"巨大作用"。但是，需要就区域治理与市民社会相互制约与互为促进的关系展开全面的论述。因而，在下文提出所谓的制度创新机制时，必定欠缺一定的针对性。在公法关系上，国家的权利就不单为国家的利益而存在，同时亦为人民的利益而存在；同时，人民的权利

---

① [英] 杰瑞·斯托克：《地方治理研究：范式、理论与启示》，楼苏萍译，《浙江大学学报》（人文社会科学版）2007 年第 2 期。

② [美] 詹姆斯·N. 罗西瑙：《没有政府的治理》，张胜军等译，江西人民出版社 2001 年版，第 334 页。

③ 金太军：《从行政区行政到区域公共管理——政府治理形态嬗变的博弈分析》，《中国社会科学》2007 年第 6 期。

④ 同上。

也不单为权利者本身的个人利益而存在，而是同时完成国家的利益。[①]

第二节　环境治理行为形式选择自由理论

一　环境治理行为形式与裁量问题

从环境法的角度看，环境治理行为形式理论，亦可称为"环境行为手段的法律形式理论""环境行为形式化理论"。其作为普遍存在的标准形式有环境法规命令、环境行政规则、环境行政许可、环境行政协定等，均为环境行政主体单方或双方一致地对外做出意思表示。这些意思表示均是指向环境程序法或环境诉讼法的途径，或者作为瑕疵理论与存续理论的关键性概念而存在。

在环境治理的过程中，环境治理行为除了上述普遍存在的标准形式，还可以运用若干非标准形式的行政规制的形式，如经济奖励与经济惩罚、优惠政策与红黑名单制等。因此，在某种程度上，非标准行为形式不仅是环境治理标准形式的重要补充，而且为环境治理行政行为的选择提供了非常广阔的自由裁量空间。

（一）环境治理行为形式理论的功能性内涵

划分不同行政行为的形式，并在立法中予以确立标准，目的是对该行政行为所赋予之法规范总体作共通性之研究。所谓法规范总体，指"权限""程序""法效果""争讼形态"等。简而言之，行政行为形式的功能除了落实宪法基本原则之外，体现在具体法律设置上的意义在于明确行政主体、维持行政程序、规制法律效果、保障救济方式。因此，行政主体对外做出不同的行政行为，其行政行为形式便囊括了上述法律内容，某种具体行政行为对应何种行为形式，便可基本确定该行政行为的处理方式。

具有类型化的行政行为形式，能够明确行政行为之内容和权限，对于具体法规在某种行政行为的涵摄上，行政行为之形式起到关键性的作

[①] ［日］美浓部达吉：《公法与私法》，黄冯明译，中国政法大学出版社2002年版，第107页。

用，使行政主体和行政相对人都能十分明了地掌握行政活动，行政行为的形式因此也起到了导向性作用。对于行政行为形式论，德国学者克劳泽教授主张将行政形式作为一种依特定目的而积极引导行政行动成立之道具，将过去未纳入考量之多种行政活动纳入开放之体系中进行统和，并讨论行为之法效果以及法外效果，以建构一个基于机能之行为形式体系。①周佑勇教授则倡导行政裁量的"功能主义建构模式"，他研究认为，行政行为形式的选择并不局限于传统标准化（或者说型式化）行政行为框架内，而是周延地对"未纳入考量之法效果"进行探讨。②两位学者的这些理论研究，对于研究分析环境治理行为行政行为形式的扩大化以及非正式化问题，显然具有十分重要的参考价值。值得注意的是，德国学者克劳泽教授的相关论述，并未跳出公私二元论的传统格局，这可能囿于当时公私合作浪潮并未如现今这么风靡，因此，尚未真正形成行政行为形式选择裁量理论。

(二) 环境治理行为形式类型的多元化发展

依照我国台湾地区对于公私行政行为的划分，分别为行政计划、行政命令、行政指导等公行政行为和行政给付、行政辅助、行政营利等私行政行为。因此，由于行政行为类型的广义化，行政行为形式作为行政行为之载体，亦可从广义进行类型划分。德国著名公法学家阿斯曼教授提出型式化和非型式化的划分标准，他认为未有法规范明确标准的行政行为形式即为非型式化行政行为，而这种非型式化行政行为在传统的规范主义控权理论下是难以想象的。③但是，无论从行政行为形式的功能还是类型的划分上来看，很多形式均未能在现代国家背景下（尤其是在民营化浪潮推动公私合作的广泛普及下）继续担当重任。并不是这些传统行政行为形式已经过时，而是随着"资讯社会""合作国家""风险社会"的出现，阿斯曼教授认为在这种背景下讨论行政行为形式一体性

---

① 转引自张一雄《论行政行为形式选择裁量及其界限——以公私合作为视角》，《行政法学研究》2014年第1期。

② 周佑勇：《行政裁量治理研究：一种功能主义的立场》，法律出版社2008年版，第36页。

③ ［德］施密特·阿斯曼：《秩序理念下的行政法体系建构》，林明锵等译，北京大学出版社2012年版，第265页。

和理论性问题时,并不适宜将现代行政的种种要求与迈耶教授所构建的行政法理论相提并论。在公私合作的当下,行政行为就已远远超出迈耶教授所构建的行政行为理论范围。

环境行政行为的形式是环境治理行为的载体,是环境行政主体对环境治理相对人的权利义务施加直接影响的媒介。在行政主体对外做出行政行为时,由于依法行政原则的要求,其必然载于一定的形式而得以展现,而这种形式的展现往往由法律所明定。这种法律的明定,正如程明修教授所言:"如果手段的形式可以在法律的观点下被明确界分,同时也会引发特定的法律效果,这种行为形式就可以成为法律形式。"[①] 但随着"合作国家"形式的出现,行政基于行政任务不断外包、行政合作加强的需求,为达公共行政之目的,得在法律形式的行政行为与单纯行政行为之间选取适当的行政手段,甚至可以在公法与私法体系中分别选择个案适当的手段。阿斯曼教授的这种说法,与周佑勇教授所持的"行政裁量亦是一种行政权"的观点并不矛盾,行政行为形式选择的裁量,无论有无标准化法律规则,其终究都是在行政法基本原则贯彻下展开的。[②]

(三) 环境治理行为形式及其裁量限度

在公私法二元的法律秩序下,环境治理行为形式选择自由所涉及的本质问题,是环境行政主体在公法秩序或者私法秩序下,环境治理的法律形式可否自由加以选择问题。这里可能包含了这样的问题,即谁可以选择环境治理行为形式,谁就决定了相应的法律救济途径,以及公私或者私法的适用问题。根据法治国原则,环境治理行为形式选择自由仍应遵循自由裁量的基准,一方面在环境任务的履行上局限于公法或者私法的形式,另一方面可以在所选择的法律形式上确定要受到公法或者私法规范制度的拘束。换言之,行政不能毫无限制地滥用它的形式选择。所以在用语上虽称环境行政的形式选择自由,实际上并非一种漫无限制的原则。

[①] 程明修:《行政行为形式选择自由——以公私协力行为为例》,《月旦法学杂志》2005年第5期。

[②] 周佑勇:《行政裁量的治理》,《法学研究》2007年第2期。

一般来说,尽管从法学理论上,可以认为环境行政主体享有选择治理行为的自由,但是在具体的环境治理中,针对不同的环境行政任务,这种行政选择的自由,仍然要受到诸多方面的限制。正如前述任务理论所阐述的那样,环境行政行为选择自由的限度,最终应该以是否能够直接或者间接实现环境治理任务为基本的判断标准。因此,也可以作为环境治理行政行为选择自由的基本界限。

根据这一基本的准则,在传统的环境治理领域,采取命令服从式的环境管制行为,行政的选择自由将会萎缩。因为在这个领域中,通常是环境行政机关直接履行环境行政任务,也因此使得环境治理行为原则上均只采用形成公法关系的环境管制措施。另外,在间接的环境治理或者环境任务履行过程中,如环境行政机关参与企业的碳排放交易活动,或者政府参与污水处理设施的采购活动,在相当程度上,环境治理行为会受到限缩的选择裁量。因为在这个领域中,环境治理行为已经是如同私人主体一般,参与市场交易的活动之中,所以原则上它仅限于私法形式的选择。适用环境治理行为的"特别法",恐怕只有私法而已。

在上述情形下,环境治理行为的所谓选择自由将会被排除,取而代之的可能是法律秩序所明确规定的各种具体的法律关系及其相关的法律形式。我们可以确定的是,立法者对于环境治理行为形式的选择,不像环境行政主体受到那么多的形式强制的限制。立法者必须受制于源自法治国原则、民主原则甚至国家保护义务的监督责任。所以对于人民重要的环境权益或者特别可能造成危险的环境任务领域,持续性的环境规制手段和环境治理行为当然不得免除。当然,也不可能将真正承担保障国家基本环境权益的机构,完全交由一个私人组织来执行。

除了上述环境管制行政行为外,特别在所谓非紧密依存于法律之行政作用领域,根据所谓选择自由原则,环境治理行为对于形式的选择,原则上才有合义务裁量的空间。因此,环境治理行为选择自由理论的作用,其实也只不过是用来修正原来所谓的环境治理行政活动"逃遁到私法",或者说是环境治理行为"危险地更替法律形式"等不算精确的描述。[1] 根据

---

[1] 程明修:《经济行政法中"公私协力"行为形式的发展》,《月旦法学杂志》2000年第5期。

这种修正形式滥用的看法，环境治理行为在这个范畴内选择可以考虑采用的公法或者私法行为形式，严格来说，很难断定就是一种行为形式的滥用。例如，在我国与德国学界普遍承认环境行政行为拥有行为形式选择自由的环境公营物或者环境公共设施利用关系中，除非法律禁止或者已经明定特定的法律形式。否则，环境治理行为被认为是基于合义务的裁量，原则上可采取公法或者私法的法律形式，形成具有法律意义的利用关系。正因为如此，环境行政主体倘若与企业、公众缔结契约关系，那么，对这种环境公物利用契约关系属性的判断，恐怕必须探求环境行政机关的意思表示，方可得知契约实施的法定属性。在此情形下，公私双方主体基于环境合作治理需要，建立契约或合同关系，对于其法律属性的判断，一般是采取"主观说"的立场，也就是说，主要根据契约当事人的主观认定或意图，来判断契约的基本法律属性。

二　公私合作治理中的自治性问题

合作理论首要强调的是环境公权力主体与环境私权利主体合作以追求环境公共利益，其主要关注点在于两者之间的关系及其界限问题。申言之，对于环境公权力主体、环境私权利主体及公众三个方面的法律关系而言，核心关注的是私权利主体自由权利与公众环境公益能否得到保障。因此，在确保环境规制作用实效性的同时，如何避免对受环境规制的私主体的自由权利的不当干涉，仍然是现代环境法学不可或缺的任务。探讨公私合作环境治理的法律规制秩序，必然会涉及环境私人主体的"自我规制"，抑或"环境自治问题"。

企业、社会组织自治权的法律属性不明确，必将导致其法律主体地位的不明确。自治权的行使，无法用纯粹的公法或私法区分，正如昂格尔所说："日益明显的是这些组织以准公共方式行使的，影响其内部成员生活的权力使人们更难保持国家行为与私人行为之间的区别。"[①] 从环境法的视角看，企业、社会组织等环境私主体的自治性问题涉及企业、环保公益性组织和公众的基本法律权益保障，也涉及私主体能否在

[①] [美] 昂格尔：《现代社会中的法律》，吴玉章、周汉华译，中国政法大学出版社1994年版，第170页。

公私合作治理的法律秩序下得以健康发展，政府部门能否合法有效地引导和合作规制。因此，自治性问题成为学者们关注的焦点问题，也是我国公私合作环境治理的主要内容。

从法学的角度来看，企业、社会组织的自治应具有其形式和实质的标准。就其形式标准而言，必须存在一个公法意义上的组织体，它不同于一般的结社组织。就其实质标准而言，国家或者公共行政的任务经由这一特定的行业协会或者企业、社会组织来完成，公权力主体的经济活动被排除在外。企业、社会组织的自治概念符合传统法律制度的范畴，自治行为是国家在公共事务包括经济领域管理中辅助性的表现。显然，这种自治性、辅助性的思想是经济自由主义的基础。[①] 我国选择了市场经济导向的法律制度，这种法律制度保障和加强了经济与社会公共事务管理的基本权利。因此，企业、社会组织的自治也是经济界和行政法学界对于公共事务管理及实现其经济利益所承担的自我责任和共同责任的体现。

企业、社会组织与国家保持着一定的距离，同时密切联系着经济和社会生活，所以被恰当地称为国家和社会之间的中间人。企业、社会组织自治性治理是社会的一项重要治理机制，"在现代市场经济中发挥着越来越重要的作用，如果它们的这种集体自治行动缺乏相应的法律和政策保障，则单个的个体经营者所获得的直接利益，很可能因为外部制度成本过高而受到不同程度的侵蚀"[②]。实践证明，企业、社会组织的自治能够经受考验，这种形式对于我国市民社会的建构、民主自治意识的培植、民主程序价值的弘扬能够起到很好的促进作用。在行政治理过程中，企业、社会组织主体地位的确立及其民主自治实践，对现有行政机关是一种有效的制衡和监督。

然而，人们经常对企业、社会组织的自治任务和法律地位提出疑问，有时候人们还要求对其进行公有化或私有化改革。也有一些学者对企业、社会组织自治机制建构中的一些根本性问题及其作用发挥时受到

---

① [德] 罗尔夫·施托贝尔：《经济宪法与经济行政法》，谢立斌译，商务印书馆2008年版，第511页。

② 余晖：《行业协会组织的制度动力学理》，《经济管理》2001年第4期。

的局限给予了客观的反思和关注,他们从不同角度指出了我国企业、社会组织自治管理欠缺治理文化的积淀,民主治理机制基础薄弱,凸显精英治理而非法律契约治理,以及法治资源匮乏等问题。基于法学实践性的品质,我们有必要对企业、社会组织自治过程中现存的根本矛盾与基本问题进行探讨,分析企业、社会组织自治所涉及的行政权与公民权、自治与管制、政府与公共组织之间的关系等问题,从而论证企业、社会组织自治的发展应建立在法治框架之下,强调一种由自治到合作的多中心治理过程。

关于我国企业、社会组织的产生及其自治性问题的理论背景分析,学者们主要基于这样两个维度而展开:市场失灵与政府失灵理论以及国家与社会关系理论。

人类社会发展的历史和实践表明,市场和政府时常出现失灵。埃菲诺·奥斯特罗姆认为,利维坦或者私有化均不是唯一有效的解决方案。人类社会中的自我组织和自治,实际上是更为有效的管理公共事务的制度安排。[①] 企业、社会组织的自主治理,主要是特定的群体自己组织起来,在不依赖外部代理人的情况下,为解决环境公共事务和环保公益性问题,增进整体的社会成员的环保公共利益,制定相应有效的制度安排。企业、社会组织的自治及其自治调节机制的建构,处于市场与政府之间,在这一中间地带,既有国家权力的管制,也有公民权利的行使,而且还会出现多种社会权利(力)的交织。因而,企业、社会组织的自治实质建构在多重权力(利)叠加与复合基础之上。行政权和公民权的叠加与交织必然导致强调行政机关的领导将会弱化企业、社会组织自治,强调企业、社会组织的权利就会弱化行政机关领导的二元悖论,也就是传统行政法律关系中所谓的行政权力和公民权利对峙格局。在这种行政法律关系中,环境行政机关与环保自治组织的权力界限模糊,二者之间存在权力与权威的矛盾和冲突,以致在实践过程中相互试图侵占对方权力(利)。

---

① [美]埃菲塔·奥斯特罗姆:《公共事物的治理之道》,余逊达、陈旭东译,上海三联书店 2000 年版,第 11 页以下。

国家与社会关系，是当下市民社会理念复兴的核心话题。[①] 国家和社会的矛盾和摩擦，最集中地体现为自治方面问题。国家强调的是权力的统一和完整，社会的逻辑主要强调的是主权在民、承认抵制国家权力，主张基层组织的自主与自治。在一定程度上，国家与社会关系的紧张除了二者之间利益交割和争夺之外，还在于它们的权力运行机制不同，前者是自下而上型，后者为自上而下型。企业、社会组织恰恰处于这两种运行机制的交接点上，为了坚持企业、社会组织的自治，企业、社会组织必然会对主管行政机关的不合法、不合理的强制性行政命令和任务采取抵制和防御手段。而行政主管机关为了贯彻上级的指令和任务就必须干预企业、社会组织自治的一些事项，这正是行政机关—企业、社会组织关系紧张的关键所在。行政机关与企业、社会组织关系的内在矛盾实际上是一种具体利益的矛盾和冲突，主管企业、社会组织的行政机关主要代表国家利益或以国家名义运用其权力，而企业、社会组织的自治主要反映和表达集体与企业、社会组织会员的意愿和要求，当这三者的利益关系紧张时，冲突就会显现。

遵循国家权力与自治权关系的研究路径，分析当前我国环保公益性组织的自治所面临的困境，能够较好把握环保公益性组织自我规制问题的首要矛盾和基本特征。但是基于对现实问题和状况的反思，需要追问的是：为什么企业、社会组织的自治会受到来自行政机关力量的掣肘和制约？学者在讨论这一问题时，常常使用"关系不顺""理顺关系"等话语，表明在他们的头脑中可能隐含着这样一种逻辑假设，即企业、社会组织应该是一个以企业、社会组织为边界的独立行使权力的市场经济主体和法律实体；如是，则为关系顺，如不是，则为关系不顺。于是，许多学者在讨论当前企业、社会组织自治实践中存在的问题后，紧接着就提出了相应的改进建议，以期"关系理顺"。如果他们从根本上认为公共行政自治组织就应该完全彻底地听命服从于主管行政机关的领导和控制，或行政的双重管理，就不会提出"关系不顺"一说了。

[①] 邓正来、[美] 亚历山大主编：《国家与市民社会：一种社会理论的研究路径》（增订版），上海人民出版社 2006 年版，第 88—108 页。

笔者认为，当我们讨论企业、社会组织自治的意义、作用及问题时，首先应该特别强调企业、社会组织自治的法律主体性问题，在政府与企业、社会自治组织所构成的行政法律关系中，自治权缺乏独立完整法律主体性的推动，权利就无法实现，也没有必要实现。正如杜兹纳所言："没有法律主体这个重要的概念，权利就不能存在，法律主体是个高度抽象的定义，法律主体的骨髓附着些许义务之肉和无色的权利之血。"[①] 企业、社会组织是独立完整的法律主体概念，最终为自治权奠定了本体基础，从而也使客观上的法律的权利义务规定能够转换为实际的自治行为。没有企业、社会组织的法律主体的存在，权利就失去了基本的凭借，当然也就失去了存在的意义。企业、社会自治组织应该具有如下的本质特征：法律自治主体性，即能够有效参与并决定特定社会公共事务管理，特别是针对企业、社会组织的组织体内部及会员切身利益的事务享有决策权；能够与其他独具法律主体地位的组织或个人平等谈判和交涉相关利益问题；能够保护并捍卫自身的合法权益不受侵犯。

对照上述主体性的内容可以看出，当前环境自治实践中暴露出来的权力与权威的矛盾冲突，其实质主要不是行政管理运行操作中出现的问题，而是现有关于企业、社会组织法律管理制度本身固有的内在矛盾冲突的反映。从根本上说，就是企业、社会组织还缺乏一个严格法律意义上的、独立主体所应具备的本质特征。如果我们对行政机关与社会组织关系作进一步考察就不难发现，1998年颁布的《社团登记管理条例》规定，包括行业协会在内的各类社会团体必须接受登记管理机关和业务主管单位的双重管理。国务院民政主管部门和县级以上地方各级人民政府民政部门是本级人民政府的社会团体登记管理机关；国务院有关部门和县级以上地方各级人民政府有关部门、国务院或者县级以上地方各级人民政府授权的组织是有关行业、学科或者业务范围内社会团体的业务主管单位。

根据该条例的规定，我国对社会团体实行"分级管理、双重管理"

[①] ［英］科斯塔斯·杜兹纳：《人权的终结》，郭春发译，江苏人民出版社2002年版，第255页。

的模式，由民政部门进行登记管理，各政府部门进行业务管理。这里明确指出了民政部门等行政机关与企业、社会组织是领导与被领导关系。尽管一些最新政策和立法设定的行政机关和企业、社会组织将是一种指导与被指导关系，但是，不难发现，我国当前企业、社会组织在某地的发展，都是得到了地方政府的大力支持甚至直接推动。

在我国，企业、社会组织的自治权限主要是国家权力通过适度分权得以实现，法定的自治空间比较有限。国家仍然能够掌握对绝大多数企业、社会自治组织及其会员的控制权，组织会员并不能成为一种与国家分享公共事务管理权力的自主力量。即使存在不受国家公权力支配的自治权，也不能说明企业、社会组织的自治就不是国家公权力之下的一个符码，而是具有一定自主性和自治意义的地域。企业、社会组织掌握的能和政府交换的资源十分有限，势力微弱，很难真正取得与政府的谈判权，只能是请求权。学者们都意识到企业、社会组织自治权的重要性，在讨论国家和企业、社会组织关系时虽然没有明确地提出主体性问题。但是可以看出，他们都是把企业、社会组织作为与国家特别是国家行政机关相对应的一方，即独立主体来看待的。不仅如此，他们对当前这一主体的自治性大多是持保留态度的，差别只是程度不同而已。

在环境风险的背景下不但国家环境任务在数量上会大幅度增长，而且用以管制环境风险的手段也会与以往的环境管制工具有很大的不同。通过前述对公私合作环境治理的讨论，可以发现，公私合作的运作大大缩小了国家亲自执行行政任务的比例，国家不见得在环境治理的第一线冲锋陷阵，执行国家环境治理任务。这样的环境治理格局，使得国家环境治理任务与公私合作的运用这两个方向看起来似乎是矛盾的。然而，必须指明的是，从本书的角度看来，这两个方面不但不相冲突，而且这两者的发展相辅相成、相得益彰，可以让国家环境治理任务通过公私合作理论的运用来完成。

国家环境任务的范围主要是通过国家与社会系统诸多层级的相互对话形成的，但显然，国家环境治理任务的范围与国家环境治理任务的履行是两码事。虽然两者均属于国家环境义务的范畴，但仍可能由私部门根据自身能力自愿履行，或由私部门与公部门共同合作来履行此项任务。申言之，通过公私双方对话所形成的国家环境任务范围，最终确定国家必须对哪些环境事务应当承担责任,并不代表只要是国家环境任务就一定要由公部门亲自履行不可,也不排除当私部门可以独立完成,或与国家合作过程中未产生任何执行上的困难,此时国家就不需要另外付出心力来介入此等人民要求国家必须负最终责任的环境任务。唯有在私部门没有意愿履行,或没有适当的私部门与国家合作来履行,或者私部门虽然与国家有合作关系,但却无力完成时,国家才必须站在第一线来负担保责任。此时,国家就必须站在维持环境治理的大局,找适当的合作对象来履行此等任务,或由国家亲自执行此等环境保护任务。整体而言,此等对话方式确定了国家必须负责任之事务的范围,并区分看待国家任务与任务执行者的概念。在环境风险本身带来大量"公共性扩大"问题,且为人类社会带来大量管制事务,再加上此等事务必须以不同以往的环境管制工具来执行的背景下,将会让此等概念的区分更具有意义,并让我们看到,环境风险下国家任务扩大发展与公私合作运用这两个看似矛盾的发展走向,其实是相辅相成而没有冲突之处。

另外,采取此等任务认定与执行主体区分看待,并分别探讨各自责任的模式,也可以与当代缩减国家执行事务负担的趋势产生调和的效果。换言之,在要求国家人事、经费、组织精简的时代潮流下,偏偏又遇上环境风险并带来大量环境任务,让人民的权利及环境的价值受到严重的威胁,强化了国家必须适度负担起责任的正当性和必要性。当法律规定要求国家对环境事务负最终的担保责任,而又可以允许公部门与私部门合作,基于两者间对等及合作关系,思索如何处理环境风险问题时,将可以发现,公私合作等管制工具的运作,正可以兼顾国家精简要求及国家环境任务扩展这两个发展中的走势。当然,国家对此等事务负最终责任,因此,在制度面上,包括资讯累积、正当程序、决策效能、对风险进行调适、灾害救助等基本的量能仍应予以确保,如此一来,才不会因为过度依赖私部门而使环境风险下所要确保的价值受到牺牲。

第三节 公私合作环境治理之担保责任理论

通过环境公私合作的方式,畅通企业和社会组织等私人主体参与环境治理的管道，让其运用自身的专业技术知识或者汇集民间充足的社会资本，从而能够承担更多的环境公共治理任务。毫无疑问，环境公私合作有助于提升环境保护的成效，也是国家履行环境保护义务的具体体现。然而，这一公私合作的方式，时常遭受一些学者的质疑，他们认为，"私人主体承担环境义务"的模式，将直接导致"国家履行环境公共任务的退却"，[1]且与国家环境保护义务存在内在的冲突。

对此，学界一致认为，国家通过公私合作方式全面退却环境保护义务，显然违反宪法赋予政府的环境保护职责，以及我国现行环境保护法等法律法规明确规定的中央和地方政府的环境保护义务。[2]因此，学界基本形成这样共识：在实施环境公私合作的过程中，应该通过国家责任理论，明确国家环境保护的担保责任。

一 担保行政与国家环境义务建构

（一）担保行政概念的缘起

"担保国家"理念源自德国，与晚近世界各国争相效尤的民营化和公私合作潮流具有密切的关联性。1938年，德国行政法学者福斯多夫（Ernst Forsthoff）在《行政作为给付主体》一文中提出"生存照顾"概念后，遂开启"给付国家"时期，国家扮演给付者之角色，担负起人民生存照顾的给付行政责任。[3]仅仅经历不到50年的光景，国家为了承担给付行政任务，财政支出逐渐困窘。加上人类科技进步，人们逐渐意识到，那些根据传统经济学上独占理论，明确规定由国家专门实施的服务事项，并非最为低廉，也并非具有最好的品质。基于这种政府服务理念的转变，行政任务民营化及公私合作改革风潮兴起。对于这些改革动向，人们普遍认为，这能够提升行政效率、纾解国家财政困境，甚至能够将政府从现行过重的行政负担中逐步解脱出来。同时，通过私人参与行政任务的执行，国家原本所扮演的生产者、给付者、分配者或执行者角色逐渐弱化，转而由私部门予以执行。值得注意的是，从确保公益的

---

[1] 王毓正：《论国家环境保护任务之私化》，《月旦法学杂志》2004年第1期。
[2] 陈海嵩：《国家环境保护义务论》，北京大学出版社2015年版，第26页。
[3] 陈新民：《公法学札记》，中国政法大学出版社2001年版，第46页。

立场而言，民营化或是私部门参与行政任务执行之公私合作，虽然可以减轻国家亲自供给的行政负担，但绝非是完全放任市场机制自行运作，使得国家全然退缩的正当性事由。在社会国家意义下，国家对于人民生存照顾的供给，仍须承担私人无法给付之后的担保责任。换句话而言，国家仍然对于人民的生存照顾承担主要的法律责任，但是随着时代的发展，这种责任逐渐从"给付责任"转变为"担保责任"。正因如此，当代国家性已从过去的"给付国家"转变至现今的"担保国家"。

事实上，担保国家概念的兴起，是国家理念转变的象征，表明国家的主体角色扮演及其定位已发生根本变化。若再从国家角色的整个变迁史观察，担保国家虽在行政法学发展进程中最为契合现代时空背景，但理念上却如同德国教授福尔克·舒珀特所言，是介于自由主义下"最少国家"以及"社会福祉国"之间的一种国家性。在担保国家下，人民生存照顾其实通过引导、管制，以及监督等各式担保措施实施，以确保人民生活所需之相关物质与服务得以如同由自己提供一般，也能够由参与执行的私人为持续、普及、无差别待遇且价格合理之质量兼顾地提供，甚至给付品质更甚于国家自身所为之水准。在此意义下，林明锵教授较为中肯地将担保国家概念理解为"私人参与公共任务之履行时，国家对该公共任务（非国家任务）之确实完成，所应负担之保证责任"[①]。担保国家概念的提出，若仅仅是用以描述国家理念及职能变迁之一种现象，是贴切且充分的。然而，如果进一步将其应用于环境法上，成为环境法上具有较充实且明确内涵之概念，则势必要填充更为精确的法理基础。单纯以环境公益确保而推导出担保国家理念，正当性显然过于薄弱。因为，现代国家不论扮演怎样的角色，都应以公益为取向，就算其作为给付者或者担保者，并无二异。

（二）担保行政的法理基础

如前所述，担保国家概念的提出仅仅是用以描述国家理念及职能变迁的一种现象，具有一定的合理性。但是，倘若进一步将其应用于法学

[①] 林明锵：《担保国家与担保行政法——从2008年金融风暴与毒奶粉事件谈国家的角色》，载《政治思潮与国家法学——吴庚教授七秩华诞祝寿论文集》，元照出版公司2010年版，第577页。

上，成为法学上具有较充分且明确内涵的概念，则需严谨论证其精确的法理基础。单纯以公益确保而推导出担保国家理念，正当性基础显然较为薄弱。那么，根据德国公法学的一般学说和观点，担保国家在宪法层级上，除有特别规定之外，可依据"社会国原则"和"基本权保护义务"获得法理支撑。

其一，就社会国原则而言，其所包括之概念内涵仅为国家应努力达成"具有拘束力之目标"；至于应以何种手段达成该目标，原则上属于立法者自由选择的空间。换言之，宪法当中所包括的社会国理念本身，就手段而言，具有开放性。作为一项具有规范性国家目标的规定，仅仅要求国家应对于如何建立起合理的社会秩序采取严阵以待的态度，负起"关注"责任，确保人民享有合乎人性尊严的最低生活条件。因此，对于社会国理念，国家非必要对于人民生活照顾事项自行扮演生产者、给付者或支配者之角色，但却有义务始终对于人民基本照顾事项之（私人）供给，负起确保一定品质的"总体保障责任"。国家之此等总体保障责任不但可视为是一种"结果责任"，而且更属于不可抛弃的国家保留责任。

其二，国家的环境保护义务也可为担保国家理念之存在赋予宪法上之法理基础。环境保护义务作为宪法上所揭示的、指引国家宪法生活的最高规范，[①] 不仅能够直接拘束国家公权力的行使，更进一步要求国家应积极作为，尤其是通过制定法律之方式，以保障个人基本权利免于受到其他私人之侵犯。例如，在人民的基本环境权益受到政府经济开发项目或者滥用执法权限制，或是身体健康直接受到周边电镀企业所侵害等情况下，国家应当通过立法、执法或司法等多种手段，坚守国家环境保护义务和对公民基本环境权益的保障责任，并在此法律规范框架下，采取必要的担保行政措施，以确保人民的基本权。

（三）国家环境责任及分配

在当代国家理论之下，国家公权力的行使，固然应该恒定以公益为取向。然而，此非意味着环境公益责任的归属，仅可单独落在国家身上，私人作为基本权利主体，即应全然被排除共同负担环境公益现实义

[①] 张翔：《环境宪法的新发展及其规范阐释》，《法学家》2018年第3期。

务的可能性。实则，在现行的法律秩序下，国家与私人系分工式地共同承担公益实现的整体责任。私人即使作为基本权主体，其于行使宪法所保障的自由及权利之际，国家亦非不得基于公益而对人民之基本权加以限制。我国《宪法》第41条和第51条规定：公民对于任何国家机关和国家工作人员，有提出批评和建议的权利；对于任何国家机关和国家工作人员的违法失职行为，有向有关国家机关提出申诉、控告或者检举的权利，但是不得捏造或者歪曲事实进行诬告陷害。中华人民共和国公民在行使自由和权利的时候，不得损害国家的、社会的、集体的利益和其他公民的合法的自由和权利。依据宪法这两项规定的内容，可以明确：基本权利主体在一定的程度范围内，也可依法被国家赋予公益行动者和监督者的角色。

在国家与人民立于公益责任共同体的架构下，其彼此间应如何分配公益责任，将视公共任务的种类、内涵及执行主体的不同，而容有结构性的差异分担模型。德国学者普遍从行动者观点出发，将行政责任抽象性地区分为"执行责任""担保责任"及"承担责任"三种责任层级。其中，"执行责任"是指国家自行从事行政任务的责任，质言之，特定行政任务的执行乃置于国家自己的支配力之下。相对于执行责任，"担保责任"则指在行政任务不再独占性地由国家自己执行，而是有私人共同参与，甚至完全取代的情形下，国家应该通过管制立法及措施，以确保该任务可由私人合乎公益地履行。至于"承担责任"，是指具有公益性的预期管制目的无法由私部门达成时，国家将负有收回该任务改由自己执行或是置于自己实力支配力下的责任。此项具有"救援功能"的国家承接责任，事实上可视为国家沉睡中执行责任的苏醒化表现。

担保责任与承担责任概念之区分，对于我们理解"接管"措施的法律定性具有关键意义。倘若接管措施的目的，仅仅在于使国家为暂时性地介入，促使私人对于公共任务执行的瑕疵得以有较宽裕的时间及条件改善，终究仍期盼他能恢复运作能力，妥当且有效地执行公共任务者，则此等类型的接管措施，在体系上仍应归属于国家担保责任实践手段的范畴内。强制接管机制，可视为国家实施担保责任的一种重要手段。反之，倘若国家的接管，并非是在为私人暂撑场面而已，而是私人发生有难以改善的失灵情形，无论如何都无法或已不再适宜继续执行公共任务时，国家将该公共任务终局性且持续性地"收回"自行为之，则此等情形具有"再国家化"属性的接管，在体系上实际属于承接责任的体现。在此意义下，承接责任的救援功能即是通过行政机关行使收回选择权而获得实践。

上述三种责任层级形塑了国家与私人公益责任分担的依据。倘若采取德国公法学者常用的通俗描述，担保国家犹如一场戏剧。责任层级犹如剧本，国家及私人则为演员。戏剧得以顺利演出，剧本及演员缺一不可。而将不同责任层级分配给国家及私人，即犹如导演将剧本中的角色，依据不同的剧情及场景，分配给演员一般。在此意义下，责任层级与责任分配实为担保国家理念之两项核心要素。

二 自我规制与国家环境担保责任

(一) 公私合作的自我规制及其要素

首先，最重要的是建立合作规则。任何社会状态都是两个主体行为的结果。因此，假如不存在一定条件的设定，则没有一个主体单独对特定状态负责。若要让某一主体对此特定状态负责，必须该主体已经同意，愿意接受规定的约束，并且能够享有相当的决定空间。因此，为实现合作的成就，行为主体以及相关行动空间的整合，在建立制度时是严格必要的。

在上述分析与理解下，公私合作对于公共任务的目的与具体化，由公私部门共同完成，并且任何一方没有独断的绝对权。再者，双方应设定彼此合作的条件，故公私合作主体之间建立合作制度，即以私人的自我管制为前提，但同时合作制度需要被管制。与此同时，国家对私人自我管制的介入与积极形塑，由于涉及私人的基本权限制等制度的建立，因此需要通过法律建立合作制度，以使合作的程序和结果能获得法律的承认和正当化。简单地说，公私合作既是一种"自我规制"模式，也是一种"被管制"的法律模式。

合作制度的建立与运作，都是以自我管制为要素，并由法律来形塑和正当化。德国环境法正是基于这样的理解和制度的建立，通过立法明确规定合作作为一种法律上运用的调控机制。德国环境法典草案曾提出这样的说明，足以表现国家和私人之间以管制与自我管制等概念建立起合作制度。

首先，立法明确规定环境保护主要依靠人民与国家。主管机关和关系人，在履行依环境法规所负有的责任与义务时，依照相关规定共同运作。环境保护也需借助公众参与和接近环境资讯取得的规定。

其次，立法强调在主管机关依据环境法做出相应的环境行政处理（处置）行为时，可以从环境立法的目的出发，考量是否可以通过关系人达成协议，从而取得同样效果。例如，通过环境执法和解，可以改善私人主体自觉履行义务的效果。

最后，国家环境保护任务由非国家或私人主体承担时，非国家或私人主体必须自己承担责任。只是主管机关应当确保，前述转移的环境保护任务能合法地被执行。假如任务未能合法地执行，主管机关应当收回相应的职能。

（二）国家环境担保责任的实现

对于环境法而言，环境权力的优化是导引环境保护体制机制变革的核心问题。在公私合作环境治理过程中，政府环境权力的优化，不仅体现在治理的角色方面，同样也体现在国家对环境责任的担保方面。罗伯特·B.登哈特指出，政府是服务者，而非掌舵者，治理的本质特征是政府的作用应由控制转变为综合协调。罗伯特认为，治理是一个综合系统，在这一体系中，政府应主要扮演三种角色：一是在确立各种网络运作的法律规则和政治规则方面，政府将继续扮演一种综合协调的角色；二是为确保每一个部门最终都不会支配其他部门，政府还需扮演一种协调、平衡和促进网络边界之间关系的角色；三是为确保民主和公平的原则，对具体的网络内部及其不同网络之间的关系，政府应该对它们之间的相互作用进行监控和维护。[①]

随着政治、经济、文化以及科技等持续不断地发展，环境法律问题发展变得越来越复杂。在这样的风险社会背景下，突如其来的环境问题，使得现有的法律组织体系变革措手不及。我国传统的具有威权品格的"权威型模式"，科层制权力的异化，导致环境治理陷入多重困境，

---

① ［美］珍妮特·V.登哈特、罗伯特·B.登哈特：《新公共服务：服务，而不是掌舵》，丁煌译，中国人民大学出版社2010年版，第85页。

国家、地方政府与公众之间的角色配置、功能定位和相互关系以及公私协力与行政合作法已经被权威体制中的权力要素完全打乱。① 因此，为了回应多元环境治理的实践需求，必须对我国环境法律机关的组织体制进行创造性的整合变革。美国学者拉塞尔·M. 林登在其著作《无缝隙政府：公共部门再造指南》中指出，针对传统官僚制政府的冷漠、部门分割、个人本位的缺点，应采取无缝隙组织形式，以满足顾客的无缝隙需要为目标进行一种组织变革。② 从实现协同治理的内部机构设计角度考量，对环境治理内部机构的精简和适当新设部门内设机构成为实现协同治理的目标之一。

美国著名的规制理论研究学者史蒂芬·布雷耶教授在谈到规制结构改革问题时，提出三种主要类型的结构改革思路，即重组权威机构和秩序；对行政机关的实体运作进行制约和平衡机制重组；设立一些新的机关。③

打破传统的科层制权力格局，建立和完善"精简、弹性、效能的行政组织"体系，必将成为我国环境行政体制改革的基本发展方向。具体而言，这里主要包括两个方面的改革路径：一方面，需要站在整体性思维的角度，通过精简环境机关内部机构，整合和协调环境行政组织体系，实现监管部门职能的合理配置；另一方面，还需要结合我国的国情，通过有效的立法，适时设立新型环境规制机构，无缝对接多元治理主体，保障多元治理主体的知情权和参与权。

---

① 杜辉：《论制度逻辑框架下环境治理模式之转换》，《法商研究》2013年第1期。
② ［美］拉塞尔·M. 林登：《无缝隙政府：公共部门再造指南》，汪大海、吴群芳等译，中国人民大学出版社2014年版，第14页。
③ ［美］史蒂芬·布雷耶：《规制及其改革》，李洪雷等译，北京大学出版社2008年版，第500页。

第三章　公私合作环境治理比较与镜鉴

本章主要研究两大法系公私合作环境治理问题，通过比较分析两大法系公私合作环境治理的重要理论、主要制度和典型案例，不难看出，无论是大陆法系，还是英美法系，在"合作国家"理念的冲击下，对环境权力均进行了优化，将民间资源和公民社会等纳入环境治理之中，建构公私合作模式成为时代转型发展的必然趋势。值得注意的是，公私合作环境治理问题的核心仍是公权力与私权利的合理配置问题。目前，从法学的方法论角度看，两大法系建构各自公私合作环境治理制度时，公权力与私权利的法律配置表现出一定的分野。

第一节　大陆法系之公私合作环境治理

按照学界一般理解，公私合作（PPP）概念最早源自英国、美国等判例法系国家，旨在描述公部门与私部门基于对等的合作伙伴关系，共同致力于特定行政目标的达成，或执行行政任务的一种合作关系。[①] 嗣后，大陆法系的德国、日本等国家积极推动或者引入公私合作概念，并逐步将之融入本国的行政法律制度。在借鉴引入过程中，德国、日本等国学者结合本国缜密、严谨的传统行政法学和公法学理论，分别建立了本国极具特色的公私合作法律制度，并将之付诸本国的法律实践，取得了丰硕的成果，最终在大陆法体系中形成了一套既实用又完备的公私合作法治理论和法律制度。我国台湾地区学者主动引介学习德国、日本经验，台湾地方当局先后制定了所谓的"公营事业移转民营条例""公营

[①] 詹镇荣：《公私协力与行政合作法》，新学林出版股份有限公司2016年版，第8—9页。

事业移转民营条例实施细则""促进民间参与公共建设法"等,规范了公共建设项目的民营化行为,也较好地推动了我国台湾地区各领域公私合作的发展。

在大陆法系中,环境法与行政法均可视为公法范畴,甚至在政府环境规制领域中,二者具有"一体两面"的关系。德国公法学家罗尔夫·施托贝尔教授提出了经济行政法的概念,他认为,"经济与环境必须紧密结合在一起,环境是政府规制经济的一个重要因素",环境法与行政法有着密切的"血脉关系"。① 在公私合作环境治理领域的研究亦是如此,行政法上公私合作理论要么以环境治理公私合作的形式予以具体体现,要么需要将行政理论适用于环境法学领域。

一 德国环境合作原则与担保责任

(一) 德国环境合作原则

德国环境法上有三大原则,即预防原则(可持续发展原则)、污染者负担原则和合作原则。其中,所谓的合作原则,是指要求各种社会力量(公民、企业、社团等)协同合作,防止环境污染。根据该项原则,建立公众参与相关环境行政决策机制,并通过行政司法审查制度,维护其合法权益。② 德国环境法通常赋予合作原则较为宽泛的含义,合作主体包括政府、人民、产业界等使用者,它们均负有保护环境的责任。进而言之,国家与所有的社会力量,在环境治理的过程中,必须共同合作。基本上,合作原则以达成环境政策的基本内容为目标,可视为政治上的程序原则,但在实践案例中,也具有环境规制的功能。例如,属于环境协商的公害协定与环境行政协定或行政契约存在一定的差异。前者主要是通过行政协商的方式,体现环境合作原则;后者是通过处于对等地位的双方自愿签订环境契约(或者环境合同),但通常是以国家强制力的方式来达成行政管理目的。

在环境治理的过程中,合作原则不仅是环境政策,也是法律原则,

---

① [德] 罗尔夫·施托贝尔:《经济宪法与经济行政法》,谢立斌译,商务印书馆2008年版,第58页。

② 吴岩:《德国的环境保护法律体系》,《人民法院报》2013年8月2日第8版。

是一种体现公私双方互利互惠的措施和方式。德国环境法合作原则的提出，是基于这样一些环境法的理念而形成：一是环境保护义务并非等同于国家环境保护义务，这说明要达成环境保护的目的，需要包括国家、企业和社会组织等所有相关力量的共同合作；二是环境保护的过程，需要找寻个人环境利益与社会需求之间的合作共赢关系，通过相关当事人共同负责、共同实施环境治理行为，达成多元利益的衡平关系，这也是合作原则在环境保护上所欲达成的目的。因此，合作原则的实质，是要求国家机关、企业组织以及人民应共同合作来体现环境保护行为的义务性。

在合作原则的概念之下，可以通过以下方式予以实现：（1）在与环境有关的设备设施的许可程序中，允许机关与相关当事人在法律容许限度内，进行非正式的磋商；（2）在法律制定时，相关利害关系人有参与听证会（公听会）的机会及权利，特别是在公布法规命令及具体规定之前；（3）与民间环境保护团体之合作；（4）为体现国家间接的环保规制能力，在个别企业内部设置受托组织。

设置环境保护受托组织是针对加强企业内部监控和环境保护而设立的法定制度，不同于一般公众义务，属于特殊的环境保护制度，也被视作企业法定的组织义务，在德国环境法典中有所体现。也就是说，对企业主课予设置法定组织的义务。该项制度的主要作用如下：一方面，希望环境保护受托组织能在企业内部直接影响及协助严格遵守环境法个别规范的规定，从而使得环境法规范具体化；另一方面，希望通过该制度促使企业将环境保护作为一项独立的企业经营目的，并将之纳入企业（或工厂）经营政策中，同时可以对企业成员开展环境保护教育。

传统上，行政机关对污染者所采取的法律措施，特别是针对企业，习惯上包括限制、监督及审查等。如此种种行为形态虽获得不少成效，但对企业内部在科技发展或生产过程中，提高环境保护意识，采取积极的环境保护行动影响似乎有限。基于环境法彼此间关联性过于复杂，以及科技发展日新月异，国家经常无法经由传统手段来确保企业内部就环境保护自我负责。同时，环境保护领域的范围扩张且日趋复杂，国家不再独立承担环境保护的所有责任，而基于环境合作原则，将环境保护视为人民、国家及社会的共同责任。伴随着环境保护责任观点的转变，企业组织的环境保护责任受到人们的关注,甚至被推向环境保护的第一线。毫无疑问,企业本身是环境污染产生的源头,从履行企业社会责任的角度看,履行环境保护责任是企业对社会承担的一项法定责任。因此,企业需要将环境保护纳入其经营政策,树立"对环境生态友善"的经营理念,从而在传统公、私法领域,创造出所谓的环境生态企业法领域。

(二) 德国国家担保责任

担保国家理念源自德国,与晚近成为世界各国争相效尤的民营化及公私合作潮流具有密切的关联性。自从德国公法学家厄斯特·福斯多夫在1938年的《作为给付主体的行政》一文中提出"生存照顾"概念后,[①] 遂开启了给付国家时代,国家负担起人民生存照顾的给付行政责任。但是,经历不到50年的光景,国家就因为推动和实施给付行政任务,财政逐渐窘困。再加上人类社会科技进步,国家自我给付未必是最为低廉且品质服务最高。

在环境行政法学领域,环境任务治理的民营化与公私合作现象随之兴起,成为近来政府环境行政组织改造、环境行政规制革新的中心主题。公私合作环境治理模式普遍被视为可以提升环境行政效率、纾解国家在环境治理方面遭遇的财政困境,甚而是使得国家从现行过重的环境任务负担中予以解脱的最有效"瘦身"机制。通过私人参与环境任务的执行,国家原本扮演的生态环境资源的生产者、给付者、分配者或执行者角色逐渐趋于弱化,在一些具体的生态环境治理领域中,国家主体性角色转而由私部门逐渐取而代之。

然而,从国家确保环境公益之立场而言,环境治理民营化或是私部门参与环境任务执行之公私合作,虽然可以减轻国家环境公共产品供给负担,但并非是国家环境职能的退缩,完全放任市场自行运作的正当性事由。事实上,基于"社会国家"的理念,对于环境公共物品的供给,国家仍然需要担保法定给付的责任。因此,国家对环境公共物品和环境品质提供的法定职责,从单一的给付责任,逐渐转变为同时承担给付和担保双重责任。正是基于这样的国家职能变迁,现代国家从过去的"给

---

① 陈新民:《公法学札记》,中国政法大学出版社2001年版,第46页。

付国家"转变至"担保国家"。

在德国,国家担保责任原则被引入环境法,体现出一种现代国家环境治理理念的变迁,① 这意味着:随着经济社会的转型发展,国家在环境治理中所扮演的角色及其定位已经发生了根本性的变革。在担保国家理念下,环境法上的人民生存照顾、环境公共物品供给和高品质环境质量等国家环境任务,已经成为一种通过市场经济模式所体现出来的"私人给付"。德国将给付责任逐步转由私人承担,通过私人从事涉及人民生活基本照顾之公共任务。与此同时,德国通过引导、管制以及监督等各式担保措施,以确保人民生活所需之相关物质与服务得以如同由自己提供一般,也能够由参与执行之私人为持续、普及、无差别待遇且价格合理之质量兼顾地提供,甚至给付品质更甚于国家自身所为之水准。在此意义下,林明锵教授中肯地将这种担保国家概念理解为"私人参与公共任务之履行时,国家对该公共任务(非国家任务)之确保完成,所应负担之保证责任"②。

从德国国家角色的整体变迁史考察可知,"担保国家"概念及其相关法律制度,虽然在时空发展长河中,更加契合现代社会发展的时空背景,但是,在其基本的法律理念上,恰如德国公法教授福尔克·舒珀特(Folke Schuppert)所言,是介于自由主义下"最小国家"与"社会福祉国"之间的一种国家性。

二 日本公私合作与公害防止协定

(一) 环境公私合作定义与范围

1. 环境公私合作定义

关于公私合作这一概念,在日本的法学界与公共行政等学科领域,尚未形成一个明确的共同定义。东京大学山本隆司教授认为,公私合作(公私协力)是指公组织对私主体委以下列事项有关的任务与责任:(1) 关于诸利益的衡量或财货、服务分配的决定,或执行、实现这种

---

① 许登科:《德国担保国家理论为基础之公私协力法制》,博士学位论文,台湾大学,2008年,第52页。
② 林明锵:《担保国家与担保行政法——从2008年金融风暴与毒奶粉事件谈国家的角色》,载《政治思潮与国家法学——吴庚教授七秩华诞祝寿论文集》,元照出版公司2010年版,第577页以下。

决定；或是（2）为准备公组织作成这种决定，或作为公组织不作这种决定的替代，收集、形成、提示有关自己利益以外利益的资讯。① 神户大学米丸恒治教授用"私人行政"的概念代替公私合作或者公私协力概念，他认为，所谓"私化"，从行政事务向民间转移（实质性私化），到机构形式私化（私法形式化），行政方式的私化（形式性私化）所包含的具体内容多种多样，各不相同，是一个广泛的概念，包括消减行政所负责的部分、引入私人灵活高效的方式这一大方向上的所有措施。②

在公共行政管理领域，学者松下启一教授曾经给出了一个相当浅显易懂且比较完整的概念，受到广泛的关注（如图3-1所示）。他根据实施公私合作行为主体所要达到的目的和所需承担的责任与义务情况，将公私合作分为"最狭义""狭义""广义"和"最广义"四种类型。其中，"狭义"与"广义"公私合作定义的区分在于责任与义务的具体与否，前者是指为了某种共同目的，公私双方在资金、劳动或技术等方面进行合作，被赋予了具体的责任与义务；后者是指虽然公私双方是基于某种公共的目的，产生协调、合作与提升关系，但在责任与义务的规范上较不明确。所以，在此定义下，双方并不会拘泥在资源或劳动等具体资源的供给，而是强调彼此相互协作与对等的合作关系。

"广义"与"最广义"的公私合作定义的差异在于，虽然两者都不太强调合作双方彼此所负的责任与义务，但是"最广义"的公私合作仅着眼于双方形式上的合伙，而不特别强调彼此所需负担的责任与义务。至于"最狭义"的公私合作，是指双方为了直接的利益目的，共同从事合作活动，倘若要变更合作关系需获得全体成员的同意。换言之，根据"最狭义"的公私合作的定义，合作双方强调互利共有，在此基础上，中途如有关系上的变更，还需要得到组织成员的同意。

后来，针对松下启一教授关于公私合作的四种解释，日本学界和地方政府的相关实务部门进行了许多的讨论，并对此概念和分类加以不断

---

① ［日］山本隆司：《日本公私协力之动向与课题》，刘宗德译，《月旦法学杂志》2009年第9期。

② ［日］米丸恒治：《私人行政——法的统制的比较研究》，洪英、王丹红、凌维慈译，中国人民大学出版社2010年版，第9页。

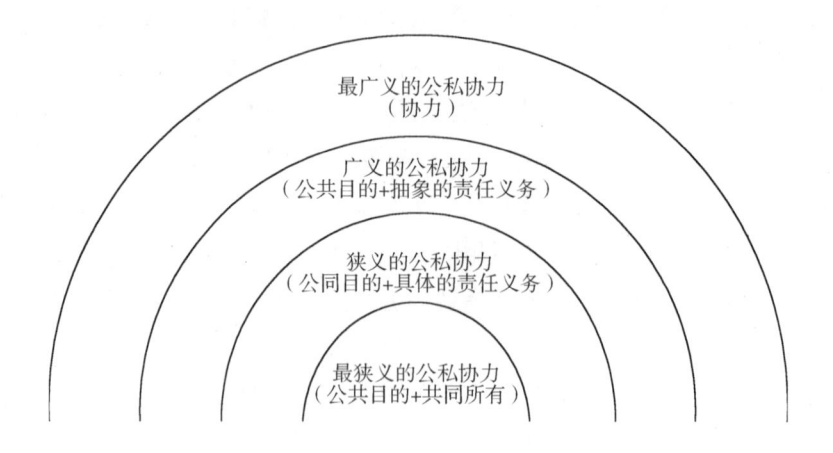

图3-1 日本学者松下启一教授的公私合作概念

完善，之后逐步取得了一些共识。① 至此，日本学界一般认为，公私合作并非单纯的"由公转私"，也不仅仅是基于成本节约的考量，而是将公部门与私部门两者之间所拥有的不同资源予以组合，实现相互优势的互补，是一种重新建构环境治理秩序的做法。除了可以扩大私部门的私益或活动领域，并提升公共服务的品质或改善效率外，还可以创造区域性的新网络，构建环境治理的新格局。

综上所述，日本学界和政府等实务部门所定义的公私合作概念，都十分强调"目的共同"与"共同参与"的重要性。此外，"责任义务""对等关系"与"相互尊重"等也是界定公私合作概念时，经常被提及的基本要素。

2. 环境公私合作范围

由于全球经济发展的一体化，环境治理全球化的趋势日益明显，对日本区域环境治理的公私合作提出了更高要求。针对中央与地方财政状况的日益窘困和公众需求的多样化，如何提供最有效的环境公共服务成为环境公部门亟待解决的问题。相较于传统环境治理资本的筹集或者环境公共服务是由公部门提供的做法，一种"金钱的价值审计"或者"成本效益分析方法"为基础的思考模式，亦即如何将有限财源有效使

---

① 林淑馨：《日本公私协力推动经验之研究：北海道与志木市的个案分析》，《公共行政学报》2009年第32期。

用以发挥最大效果，成为环境公部门在从事公共建设或提供公共服务时普遍采取的思维模式。此时，环境公部门如能与民间部门或非营利组织合作被认为是值得考虑尝试的一种新途径。

日本各地在进行环境公共服务供给或环境基础设施兴建时，一方面，由地方政府主导具有高度公共性的环境治理资金和项目的实施方案，如环境治理资金的筹措、环境行政服务的提供等；另一方面，在私益性高且公共性低的领域，则由地方政府将相应的业务及时通过法律程序交由民间部门主导。至于同时具有公共性和私益性的公共领域，则由政府部门和民间部门共同出资所组成的第三部门作为事业主体来进行服务的供给，此乃日本传统公私合作的做法。

然而，由于环境公部门与私部门权责划分的不明确，以及公私合作环境治理的实施结果容易导致原本私益性较强的领域由于政府的介入而降低获利，甚至原本私益性就较低的环境公共领域，也因之无法发挥该领域的特性，致使传统公私合作的做法在目标的达成上受到相当的限制。基于此，一种以 PFI（Private Finance Initiative）为中心的新型环境公私合作模式，逐渐取代传统的环境治理模式。[①] 倘若比较两者之间的差异，不难发现，日本传统的环境公私合作的范围局限于环境治理中间领域，而新的环境公私合作范围则较以前有较大的扩张，除了涵盖环境中间领域之外，还拓展到环境公共性较强，但私益性较低的环境公共领域。这种变化除了表示环境公共服务供给范围的扩展外，还代表政府主管部门对于环境公共性保障的认知已经有了很大的转变，它们愿意开放环境公共性强的领域，让民间组织或者非营利组织，甚至地方居民等多元行动主体加入，并与之开展具有实质意涵的环境治理共同合作行为。

（二）日本公害防止协定的实施

日本环境法律体系由各种法律制度构成。根据不同的法律性质，大致可以分为六个方面的环境法律制度：(1) 环境基本法；(2) 公害防止法；(3) 环境保育法；(4) 环境整备法；(5) 费用负担与辅助法；(6) 纠纷处理与受害救济法。其中，公害防止法，也称为"公害对策基本法"，是

[①] 林淑馨：《日本型公私协力之探析：以第三部门与 PFI 为例》，《公共行政学报》2005 年第 16 期。

为了具体有效防止公害发生或扩大，对造成污染源之一切人为活动管制或取缔时所依据的行政作用法，在日本环境法律体系中占有最重要的地位，被置于公害宪法的位置。① 公害防止行政是由环保机关行使公权力，单方地限制生产者或者个人的权利、自由，或者课以义务、负担，根据"依法行政"原理，须有法律依据方能为之。

在日本，公害防止及环境问题同样会因各地的自然及社会条件的不同，呈现出区域的差异性。因此，在日本环保行政法律体系中，承担公害防止的第一责任者是各级地方政府。正是基于这样的区域差异性，地方政府在公害防止过程中，能够一元化地综合规划土地利用及实施各种公害防止的方法。同时，根据具体化的公害个案，地方政府能够机动地采取有效解决办法予以具体应对。由于公害防止行政也属于公权力作用问题，依据日本《地方自治法》第2条规定，行政事务的执行须以地方议会制定的"公害防止条例"为依据。在日本，各级地方政府除了依据法律或条例，采取公权力手段管制、取缔公害发生源外，地方政府可主动与生产者进行协议，约定由生产者自愿采取各种公害预防措施与对策，以圆满达成防止公害与保护环境的政策目的。这种基于地方公共团体与生产者（有时地方居民或居民团体也可加入成为当事人）基于相互合意所签订的协定，即公害防止协定。在今天日本地方公共团体的公害环保行政体系中，这种非公权力手段的公害防止协定被广泛利用，并在日本公害防止体系中占有非常重要地位。

经过一段时间的实践，日本学界和实务部门，慢慢对公害防止协定有了一定共识。所谓的公害防止协定是指地方公共团体或居民与公害发生源的企业之间，基于相互合意，约定生产者对事前防止公害或公害发生后的事后处理，须采取一定的措施与对策。这种合意的形式，通常采取"协定""备忘录""契约""确认书"等形式达成。日本最早的公害防止协定，是1952年3月岛根县与山阳纸业公司及大和纺织公司签订的备忘录。其内容为这些公司在新设工厂之际，必须遵从现有技术指导，以设置完备的废水处理设施；若因废水排放不当而造成渔业损害时，须负担所确认的赔偿和补偿金额。这一公害防止协定的缔结最初在

---

① ［日］原田尚彦：《环境法》，于敏译，法律出版社1999年版，第13页。

日本起到了一定的防止作用，但是随着日本地方工业的加速发展，早期的公害协定并未得到高度重视与执行。1964年日本横滨市与该市即将建设的发电厂约定必须采取必要的公害防止措施与对策，从而形成所谓的"横滨方式的公害防止协定"。由于实施效果较好，横滨市的该项公害防止措施很快在日本全国得到推广。①

具体分析可知，该协定的之所以能够起到约束企业令其遵行，主要是因为：其一，若违反约定时，限制其工厂的建设；其二，企业不履行约定时，由市政府代执行，并向其征收费用；其三，公开约定的内容，使得公众也能监督企业的履行。同时，值得注意的是，公害防止协定针对大企业的协定内容，标准较为严格而且具体；而针对小型企业的公害防止协定一般更具精神性的意味。

三 我国台湾地区之公私合作环境治理

（一）公私合作的定义和类型

我国台湾地区学者关于环境公私合作相关理论和实践问题的研究，主要有两方面的特征：一是深受德国和日本的影响，甚至可以说是影响极为深刻。如刘宗德、詹镇荣、许宗力、陈爱娥、程明修、张桐锐等有关公私合作或者民营化方面的研究，较为明显地体现出德国和日本等大陆法系国家的理论痕迹。当然，他们也能结合我国台湾地区相关的环境执法和环境司法实践，提出了一些非常实用的环境理论。二是以行政法作为基本理论框架。我国台湾地区学者对公私合作环境治理的理论研究和实践探讨，主要是从行政法学的视角展开的，较少有专门的环境法学者对公私合作问题做过专门和系统的研究。② 多数学者都是将公私合作

---

① 刘宗德：《日本公害防止协定之研究》，《政大法学评论》1988年第38期。

② 环境法方面的主要成果包括这样一些论著和论文。如叶俊荣：《环境政策与法律》，中国政法大学出版社2003年版；陈慈阳：《合作原则之具体化：环境受托组织法制化之研究》，元照出版公司2006年版；辛年丰：《环境风险的公私协力：国家任务变迁的观点》，博士学位论文，台湾大学，2013年；刘宗德：《日本公害防止协定之研究》，《政大法学评论》1988年第38期；李建良：《环评审查的回避问题：美丽湾评案——最高行政法院101年度判字55号判决的解析与商榷》，《台湾法学杂志》2010年第210期；王毓正：《论国家环境保护任务之私化》，《月旦法学杂志》2004年第1期；等等。

环境治理嵌入或者直接运用行政法上的公私合作理论加以阐述和研究。也就是说，我国台湾地区环境法研究依然是遵循行政法的理论框架和研究路径。

1. 关于公私合作的定义

刘宗德教授研究认为，所谓公私合作是指来自公组织与私主体之间所进行的持续且具生命周期取向性的合作。[①] 他认为，公私双方为了达成共同的目标、提升合作效率及共同分担风险，以获得正式合作成果为导向签订协议。私主体能够实质性执行公共任务，而不需要财政资助。国家则主要承接任务执行之担保责任，称为"公私合伙关系"。詹镇荣教授长期注重对现代行政法治变革，特别是着力于对管制行政与民营化法等问题的探讨研究。[②] 詹教授对公私合作同样有较为全面系统的研究，他认为，在以建构行政合作法为目的取向的公私合作概念，应该采取限缩性的理解为宜。换言之，应以公私双方在"自愿"以及"责任分担"的基础上所形成的合作关系为限。他建议，应更精致地将公私合作概念表述为"国家管制主体与私经济主体间出于自由意愿，透过正式的具有公法或私法性质的双方法律行为，抑或非正式的行政行为形塑合作关系，并且彼此为风险责任分担的行政任务执行模式"。[③]

2. 关于公私合作的类型

詹镇荣教授结合德国关于公私合作的类型划分理论，另辟蹊径，提出从"部分民营化"的观点出发，将公私合作区分为一些专业类型，即行政委托（公权力委托与业务委托）、公民合资事业之经营、公共建设之参与和公私合作管制四种类型。[④] 程明修教授从公私合作目的出发，将之区分为八种公私合作模式：(1) 领导者模式；(2) 营运者模式；(3) 营运委托模式；(4) 短期营运者模式；(5) 管理模式；(6) 咨询模式；(7) 发展模式；(8) 合作模式。[⑤] 作为公私合作的主

---

① 刘宗德：《公私协力与自主规制之公法学理论》，《月旦法学杂志》2013 年第 6 期。
② 詹镇荣：《民营化法与管制革新》，元照出版公司 2005 年版。
③ 詹镇荣：《论民营化类型中之"公私协力"》，《月旦法学杂志》2003 年第 11 期。
④ 詹镇荣：《公私协力与行政合作法》，新学林出版股份有限公司 2016 年版，第 13 页。
⑤ 程明修：《经济行政法中"公私协力"行为形式的发展》，《月旦法学杂志》2000 年第 5 期。

要表现形式,民营化的研究同样得到我国台湾地区一些学者的关注和研究,在民营化的类型区分方面,许宗力教授的研究颇具代表性,他根据我国台湾地区过去的民营化经验,并依据不同的标准,将民营化区分为三种类型:(1)实质与功能的民营化;(2)全部与部分民营化;(3)强迫性与自愿性民营化。[①]

在环境法方面,王毓正博士通过对环境保护私化的模式研究,提出可以从组织层面、任务分配层面以及程序层面等不同层次对现行的环境保护任务私化的具体模式举例说明。辛年丰博士对公私合作概念作了比较狭义的理解,他认为,公私协力概念比民营化概念来得狭隘,而仅仅是民营化的一环。因此,辛年丰博士将公私协力区分为两种主要类型:一是实质民营化;二是受委托行使公权力。[②]许登科博士则认为,根据德国环境法典的规定,公私合作主要表现为国家与私人间以管制与自我管制为要素而建立起的合作制度,主要类型包括形式化与非形式化之公私合作、契约式与机构型公私合作、委托型与许可型公私合作等。[③]

(二) 环境司法实践中公私合作

1. 美丽湾度假村案[④]

美丽湾度假村案是一起曾经引发台湾社会广泛关注,且备受争议的开发项目案件。事实上,该度假村开发项目不仅侵犯了当地阿美族刺桐部落的传统领地,而且对当地的自然景观和生态环境资源产生了不良影响。因此,该案件受到了台湾法学界的极大关注,除了集中讨论该案的

[①] 许宗力:《论行政任务的民营化》,载《当代公法新论(中)——翁岳生教授七秩诞辰祝寿论文集》,元照出版公司2002年版,第585—593页。

[②] 辛年丰:《环境风险的公私协力:国家任务变迁的观点》,博士学位论文,台湾大学,2013年,第229页。

[③] 许登科:《德国担保国家理论为基础之公私协力法制》,博士学位论文,台湾大学,2008年,第212页。

[④] 基本案情:2004年12月14日,我国台湾地区台东县政府与美丽湾度假村股份有限公司签订一项"征求民间参与彬原海水浴场经营与兴建暨营运契约",设定50年地上权,以建设—经营—转让(BOT)的方式进行开发。该开发项目很快在我国台湾地区引发社会的广泛关注和诸多争议。

环境影响评估及公民诉讼问题之外,① 还涉及政府与企业合作开发项目可能产生的环境风险问题,以及可能造成环境损害的责任分担与环境责任追偿等问题。研究发现,随着我国台湾地区社会经济的快速发展,特别是观光旅游业日益受到广泛重视,类似的开发项目引发争议案件在台东地区海岸线上还发生过很多起。同类案件的频发,致使法学界对环境治理中的公私合作问题的进一步反思和研究。例如,在进行涉及环境的开发项目时,政府与企业究竟采取怎样的公私合作模式?政府与私人合作的行政目的是什么?产生的环境风险责任如何分担?等等。这些问题无不冲击着我国台湾地区现有的法律制度。

美丽湾度假村采取建设—经营—转让(Build - operate - transfer, BOT)方式进行开发,属于我国台湾地区所谓的"促进民间参与公共建设法"第8条第1项所列举的七种公私合作类型之一。也就是说,尽管这类环境开发利用活动,采取公私合作项目的方式具有一定的法律依据。但分析案件不难发现,该案不仅涉及原住民的生存权,也涉及自然景观和生态资源的保护问题,极具公共性。因此,对这类公共性的环境开发项目,公私双方签订的契约内容应该采取更严格的监管措施。比如,应该尽量通过有效的法律管制手段,缩减私部门自主决定的空间,甚至可以考虑以委托行政公权力的方式来履行相关的环境保护义务。另外,在履行环境保护义务和开发涉及环境的项目时,从法律程序的选定以及执行等层面上,应通过信息公开等程序建立环境风险的沟通协调机制。

2. 毒性物质污染案②

尽管毒性物质污染案在我国台湾地区并不鲜见,但2012年台南市

---

① 李建良:《环评审查的回避问题:美丽湾环评案——最高行政法院101年度判字55号判决的解析与商榷》,《台湾法学杂志》2012年总第210期;李建良:《环境公民诉讼的诉讼类型与程序要件——美丽湾度假村环评公民诉讼裁判综合评析》,《台湾法学杂志》2012年总第211期。

② 基本案情:2012年台南市盐水区一处渔场被违法倾倒大批不明污染物,面积约1.6公顷的渔场被回填近一半。周边散发出令人作呕的臭味,害得附近的居民担心土地被污染。地方环保部门对涉案的当事人进行调查,并对其移送司法机关。同时,环保部门对倾倒废弃物进行采样检测,化验检测是否含有有害物质,是否对当地土壤和地下水资源造成环境污染。类似案件在台湾并不鲜见,但还是引发了社会强烈关注。

盐水区的渔场毒性物质污染案件，还是引发了社会的强烈关注。该案不光是涉及毒性物质的法律规制问题，还涉及对毒性废弃物的清理和处置问题。

在我国台湾地区既有的环境法律中，并未建立毒性化学物质清单制度，从而导致毒性物质的清理处置遭遇困境，主管部门无法进一步管理和处置新型化学物质。对于毒性物质的具体处理方式，根据台湾当局所谓的"废弃物清理法"等相关规定，可以采取当事人自行清除、处理方式，也可以向主管部门申请许可设立清理、处理该废弃物的共同处理机构进行清理与处理。此外，还可以委托其他具有能力的私人部门进行清理和处理。但是，如何建立多元主体参与的毒性废弃物的清理处置模式，法学界进行了长时间的探讨和研究。特别是，现有的一些公私合作的毒性物质的管制方式是否回应了现实需求？应以怎样的制度和程序保障公私合作参与毒性物质清理与处置的成效？这些问题曾引发学者的广泛讨论。

此外，关于公私合作形式的选择阶段，从公共性的角度看，案例中所涉及的是对私人的渔场及周边土壤产生污染，一旦这种有毒物质渗入地下水，就不再只是污染私人土地问题。因此，本案可能兼及公共财产及私有财产，在这种情形下，国家本于预警的思想，应认为所涉及的事务公共性是较高的。因此，当国家的行政目的是要解决有害废弃物处理不当所导致的环境问题，且在倾倒行为人无力处理时，应尽量避免选择市场化的公私合作类型，而应该选择采取受委托行使环境公权力的方式来解决毒性废弃物的清理和处置问题。

第二节　英美法系之公私合作环境治理

对公私合作的讨论，国内外许多学者都认为，公私合作的概念是为了回应传统的行政行为形式选择及行政组织仅有公法及私法二分的情形。他们认为，在当前的社会中，这种非杨即墨的区分方法并不妥当。[1] 因此，英、美等国基于"合作的行政国家"理念而提出公私合作

---

[1] 董保城：《台湾行政组织变革之发展与法制面之挑战》，载《国家赔偿与行政补偿/公共任务与行政组织》，元照出版公司2007年版，第261—262页。

的概念。① 近年来,"公私合作""公私合营""公私伙伴关系""合作行政"等概念迅速成为英美法系之行政法与环境法中耳熟能详的时尚用语,甚至凌驾于英国和美国早期所提出的民营化等概念之上。

上述概念的形成,当然离不开英国和美国的法制化改革和实践。从环境法的视野分析,美国这一波民营化和政府环境规制的改革潮流,仍在持续进行之中,对世界其他国家和地区产生了较为深远的影响。英国率先提出了PFI制度,并在城市社会垃圾处置和污水处理公共设施的建设等领域得到了广泛的运用。但是经过一段时间的运作,PFI开始显现出诸多的实践问题,最为人所诟病的是社会资本的超额私益问题。因此,英国政府对PFI的改革调整持续至今。我国作为后进国家,民营化等方式在城市垃圾处置和污水处理公共项目中得到了较为广泛的运用,但是总体而言,我国公私合作环境治理的相关经验仍然欠缺。因此,对英美法系公私合作环境治理的理论成果和实践经验进行借鉴与运用,就显得十分必要。

一 美国的环境公私合作伙伴关系

(一)民营化与合作治理的提出

对美国公私合作环境治理的伙伴关系研究,本书重点关注了两个方面问题:一是民营化的风潮及其在美国的实施。可以说,美国是全球民营化改革的始作俑者和风潮的引领者。美国通过推动民营化改革,打造新型的管理工具,撬动社会治理的全面战略转型,实现政府自身和社会的健康发展。因此,民营化改革不仅对美国环境法律体系,也对整个美国社会治理产生了深远影响。二是合作治理理念及其推动新型行政法和环境法的变革问题。本书关注到,同为美国哈佛大学的三位重量级教授,即多纳休教授、泽克豪泽教授和费里曼教授,他们都不约而同地从行政管理学和法学等不同学科探讨了一个共同话题,即"合作治理"问题。② 显然,美国

---

① 詹镇荣:《公私协力与行政合作法》,新学林出版股份有限公司2016年版,第8—9页。

② [美] 约翰·D. 多纳休、查理德·J. 泽克豪泽为哈佛大学肯尼迪学院教授,两位教授通过大量细节丰富的案例,运用成本和收益的方法,探讨了合作治理问题。朱迪·费里曼教授为哈佛大学法学院教授,她通过公共治理模式的变革,探讨与这种公共治理模式相适应的新行政法的内容。

的合作治理理念为环境治理的公私合作提供了坚实的理论基础。

美国学者萨瓦斯是民营化理论的集大成者，也是真正的实践者。他认为，公私伙伴关系可界定为政府和私人部门之间的多样化的安排，其结果是部分或者传统上由政府承担的公共活动由私人部门来承担。民营化运动的主要推动力量包括五个方面：现实压力、经济推动力、意识形态、商业动力和平民主义的影响。他还认为，公私合作可以采取多种形式，签订合同由私营公司承办垃圾收集处理；由政府授予特许权，由私营公司资助、建设公共设施，郊区居民自愿参加消防工作等，都在体现和实践民营化的形式。①

哈佛大学多纳休教授和泽克豪泽教授将合作治理看作一种整体安排的特殊形式，认为其实质是一种"委托代理关系"。其中，政府是委托者，私人参与者是代理者。将私人参与者纳入公共事务当中的基本原理是增强政府完成其任务的能力。他们还认为，私人参与者与政府共享裁量权是合作治理的标志，它能够增强政府完成公共任务的能力，也能够增加所要完成任务的灵活性。具有良好结构的合作要强于政府自身的治理行为，也能够吸引私人参与者心甘情愿地为一项共同的事业贡献力量，使合作双方以及社会公众总体都受益。公私合作在政府与私人参与者之间创造了协同合作的机会，让他们能够产生出大于各自分别努力所能得到的结果之和。②

费里曼教授通过六篇重要的学术论文，从不同角度、不同侧面，较为系统地阐述了她对美国（包括欧洲一些发达国家）合作治理及其行政领域最新发展所做出的回应。费里曼教授主要以其熟悉的环境法实例为具体的分析对象，探讨了行政管制的改革、协商行政立法、私人在公共治理中的作用、契约国家、通过民营化拓展公法规范六个方面的行政法重要主题。而这些主题集中体现了她试图确立一种以目标为导向，以公私合作为主要内容，以责任性与理性和正当性为依归的新行政法模

---

① ［美］E.S.萨瓦斯：《民营化与公私部门的伙伴关系》，周志忍等译，中国人民大学出版社2002年版，第4—5页。

② ［美］约翰·D.多纳休、查理德·J.泽克豪泽：《合作：激变时代的合作治理》，徐维译，中国政法大学出版社2015年版，第5—43页。

式，即所谓的"行政法的合作模式"。①

（二）美国环境公私合作的典型制度

1. 环境公众参与

在环境治理过程中，公众参与是指政府环境决策过程中，针对某特定环境议题或规划，公众被保有发言权与参与权，且其意见应受到相当程度的重视与采纳。理查德·拉撒路斯教授认为，公众参与的必要性源于环境法所解决的问题的本质属性，特别是源自生态因果关系广泛的空间和时间维度。他还认为，公众参与无论是在环境立法中，还是在环境风险承担过程中，都具有其独立的价值。② 事实上，在环境法律实践中，公众参与同样较好地体现在美国环境法的各项具体制度中，公众所享有的环境立法参与权、环境信息知情权和司法救济权等得到充分体现，并具体细化到各项环境法律制度之中。在各种环境治理活动中，公众有权参与环境决策、申请修改或调整环境行政法规或环境标准、参加听证、申请司法审查以及依法提起公民诉讼等。③

1969 年，美国制定的《国家环境政策法》进行了一些制度创新，首次以法律的形式确立了"环境影响评价制度"。该项制度被认为有利于"公众参与"环境保护。根据该法，公众参与环境影响评估，是指开发建设单位及审查环境影响评估机构之外的其他相关机构、专业环保团体、学者专家、当地居民等，通过法定或者非法定方式，参与环境影响评估的制作、审查与监督等环节，这种意义下的公众参与，包括公众、地方政府的参与及政府相关机构的意见表达。④

2. 环境公民诉讼

环境公民诉讼肇始于美国 1970 年《清洁空气法》（*Clean Air Act*,

---

① ［美］朱迪·费里曼：《合作治理与新行政法》，毕洪海、陈标冲译，商务印书馆 2010 年，序言。

② ［美］理查德·拉撒路斯：《环境法的形成》，庄汉译，中国社会科学出版社 2017 年版，第 201 页。

③ 张辉：《美国环境公众参与理论及其对中国的启示》，《现代法学》2015 年第 4 期。

④ 陈春生：《行政法上之参与及合作——行政程序法对比的回应与面临的挑战》，载陈春生《行政法之学理与体系》（二），三民书局 2007 年版，第 63—90 页。

CAA）当中的一项极具特色的制度，[1] 是美国环境法中一项颇具典范意义的环境法律制度，因为极好地体现和保障了公民的环境权益，很快被广泛引入世界各国的环境法律之中。根据德国学者萨宾·柯林斯对美国公民诉讼的分析归纳，他认为，环境公民诉讼具有"补充功能""减轻负担功能"和"指摘功能"。[2] 美国众议院当初将公民诉讼预设为一种与环境公部门执法行为相辅相成，且有效的环境执法工具。换言之，倘若美国联邦政府与地方环保机关无法发挥环境执法的成效，则应该赋予公众权利，并通过诉讼进入法院司法审理阶段。通过法院的专业的审理裁判活动，发挥司法审查的功能，监督政府环境执法行为和恫吓企业等不法环境行为。[3]

美国公民诉讼制度的创立，为美国公民、法人和其他组织有序参与环境管理提供了一个崭新的法律渠道。[4] 从环境执行和环境司法的角度看，为环境治理的公私合作提供了一个可供参考的样本。此外，值得注意的是，尽管美国环境公民诉讼存在关于"任何人皆可代表自己起诉"的宽泛规定，但环境公民诉讼实践中，公民原告往往受到宪法和单行法对原告资格的特别规定，加上一些司法惯例的多重制约，如"谨慎性原告资格"规则等，因此，提起环境公民诉讼并非易事。[5]

二 英国 PFI 模式及环境法上运用

（一）PFI 模式的起源及其理念

1. PFI 模式的起源

PFI 一词缘起于英国，即 Private Finance Initiative 的英文缩写，意指"民间资金主导公共建设"。PFI 最初是一项关于民间资金主导公共建设的提案，也是英国工党延续保守党的民营化政策所采取的一种官民合作

---

[1] 叶俊荣：《环境政策与法律》，中国政法大学出版社 2003 年版，第 229 页以下。
[2] 转引自王毓正《简析台湾环境基本法之立法过程、规范内涵与施行状况》，载《环境资源法论丛》（第 9 卷），法律出版社 2011 年版，第 207—236 页。
[3] 王曦、张岩：《论美国环境公民诉讼制度》，《交大法学》2015 年第 4 期。
[4] 王曦、罗文君、张鹏、杨亚辉：《论创立中国环境公民诉讼制度》，《上海交通大学学报》（哲学社会科学版）2010 年第 1 期。
[5] 巩固：《美国环境公民诉讼之起诉限制及其启示》，《法商研究》2017 年第 5 期。

的方式，后来被普遍认为是一种颇具影响力的公私合作模式。所谓的 PFI，是指传统由公部门主导的公共服务或公共设施建设（如道路）等公共事业，从设计、兴建、营运以及资金筹措等各个环节，转由民间机构负担责任和风险，同时利用民间资金与专业技术，有效推动公共事业或提供公共服务的一种新型态公私合作模式。

回溯 PFI 模式产生的经济社会背景，该项制度大致出现在 20 世纪 70 年代的英国。当时，英国经济长期低迷，财政问题日趋严重，公共服务的品质显著降低。因此，1979 年撒切尔政府上台后，极力推行行政改革，实施财政再造变革，以建设"小而美政府"为目标。撒切尔政府的具体改革做法包括：适度解除政府管制，大力实施民营化改革，推进公共服务委托外包等措施。后来，继任的梅杰政府，除了继续推动民营化改革、解除政府管制等相关政策外，还发展出一种较公部门更有效率，同时可以删减公共事务预算的新的公共事业运作模式，从而将传统由公部门所主导的公共建设，从计划、兴建、营运以及资金筹措等相关责任转移民间组织。正是基于这样的政府改革思路，1992 年，英国财政部长拉蒙对外宣布：政府将积极与私人部门合作提供公共服务，并进一步提出由私人部门参与公共建设计划的方案，即所谓的 PFI 制度，作为一项新的社会资本运作方法。

2. PFI 模式的理念

自 PFI 模式提出之后，很快受到世界各国高度关注。相较起源于美国的民营化等传统的公私合作模式，PFI 模式具有自身独有的特点。例如，PFI 与美国民营化及其他传统的公私合作模式相比较，传统的公私合作模式是将公营事业的主导权完全转移给民营，而且公共服务的内容与品质完全由民营组织及其管理者决定，公共部门无权过问；而 PFI 的优点则在于政府等公共部门是公共事业的管理者，除了有权订立公共服务的品质标准之外，还可以对民间经营者所提供的服务进行监督。公共部门有效掌握事业的主导权，私人部门仅仅负责建设或提供服务，因此，PFI 模式对于获利性不高的公共事业较有保障。事实上，PFI 模式运用的公私合作的领域范围，除了覆盖传统处于公共领域与私人领域之间的中间领域，还逐步拓展到公共性较强，但收益性较低的公共领域，这种变化除了意味着公共服务供给范围的扩展之外，还代表政府部门对于公共性保障的认知已经有了很大的转变，愿意开放公共性强的领域，让民间组织或者非营利组织，甚至地方居民等多元行动主体加入，并与之合作的实质意涵。

PFI 模式所秉承的基本理念主要有三个方面：一是公部门向私部门购买公共服务：相较于传统社会资本全部是由公部门单独提供服务的直接做法，PFI 模式强调借重民间组织或者公众的资金与经营技术，由民间兴建并提供公共服务，至于民间组织经营所需的费用则由公部门以对价的方式支付。二是金钱的价值审计。以 PFI 的方式来筹集社会资本的最直接原因在于政府财政困难。因此，在提供公共服务或兴建公共建设时，如何将有限的公共资源有效使用，以发挥最大的效果，显然非常重要。因此。倘若由民间组织主导和使用公共资源，一般认为除了可以有效使用国家税金外，还可以提供较高品质的服务，效果通常会大于公部门。三是风险由公私部门明确分担。一般而言，公共建设从新建到营运，需要花费相当长的一段时间。过去在公部门全权负责的情况下，风险自然由公部门独自承担，但倘若交由民间组织负责，营运期间的部分风险（如工程延误所增加之成本）则可以适当地转移给民间组织，从而能够减轻公部门的负担或者风险。

(二) PFI 模式在环境法上的运用

根据资金回收方式的不同与环境治理公私部门间的责任分担等事业特征，大致可以将英国环境 PFI 归纳为下列三种事业类型（如表 3-1 所示）。

1. 自立型

自立型又称为独立核算型，是指环境私部门在得到环境公部门的事业许可后，在一定的期间内自行筹集资金，计划、兴建与经营环境公共建设或基础设施，并向使用者收取费用来回收该事业的建设与营运成本。一方面，采取自主型的 PFI 模式可以充分减轻政府短期财政负担与压力，而政府等公共部门对公共事务的介入则被限定在公共事务的规划、许可和法定程序等项目上。另一方面，环境私部门虽然拥有自主经营权，但也同时需要承担兴建与营运期间的所有风险，且一旦契约终止时，资产即转到环境公共部门。此类型的主要个案颇多，这些采取环境 PFI 制度实施的环境公共项目大多是市政垃圾处理项目，基本运行期为

25—30 年。

2. 购买服务型

购买服务型是指在环境公部门提出环境公共服务的内容与标准后，首先由环境私部门自行筹集资金、提出建设计划、实施兴建与经营环境公共建设，再由环境公部门以对接的方式，购买符合要求的服务。例如，英国政府在环境公共设施的规划与影响评价等方面，大多都是采取公共服务的购买方式。据有关统计，英国政府每年用于采购公共服务的资金高达 2360 亿英镑，其中约 11% 的公共服务合同由社会企业与慈善组织执行。[①] 采取购买服务型的运作模式，其主要特点在于：环境公共服务的提供者是公部门而非私部门，私部门利用公部门所支付的费用来回收所投资的成本。此时，环境公部门的权责被限制在仅能依据契约对民间组织所提供的环境服务品质提出规范。

3. 合资型

合资型是指民间组织虽然依据使用者所支付的费用来回收投资成本，但因无法完全达到自负盈亏的目标，公部门基于公益以补贴等方式对其进行财政支援。形式上公部门虽然投入部分经费以协助民间组织经营，但是从英国 PFI 模式强调公、私部门责任明确的观点来看，若该类型事业是由民间组织 100% 出资，则公部门对事业的经营无法予以直接干预，但可以利用公部门与民间组织共同承担风险，降低个别投资者的风险，提高民间组织参与公共投资的意愿。此类型适合准备期或投资回收期比较长的事业个案，如保护并恢复自然风貌、保护和美化自然景观、减轻洪灾和海岸侵蚀风险、实施绿化城镇项目等。

表 3-1　　　　　　　　　英国 PFI 的事业类型

类型	公部门职能	私部门职能	实践案例
自立型	设施的规划	计划、兴建、管理、营运 + 资金筹措	环境公共或基础设施、市政垃圾处理项目等

---

① 《小政府，大社会——英国公共服务体制改革》，高文兴译，《卫报》2010 年 11 月 24 日。

续表

类型	公部门职能	私部门职能	实践案例
购买服务型	设施的规划 + 支付所有服务费用	计划、兴建、管理、营运 + 资金筹措	环境公共设施的规划、影响评价等
合资型	设施的规划 + 投资部分费用	计划、兴建、管理、营运 + 资金筹措（不足部分由公部门出资）	保护并恢复自然风貌、保护与美化自然景观、减轻洪灾与海岸侵蚀、实施绿化城镇等项目

PFI能够作为英国公私合作的主要模式，得益于英国政府在推进行政改革时注意将最新的治理理念融入其中。[1] 环境合作治理的思想不仅体现在公共部门和私人部门之间基于协商与沟通的风险分配机制上，也体现在政治策略上将合作治理落实到具体制度的建构中。[2] 从1987年到2012年的25年，英国政府批准公私合作项目为730个，其中65个项目尚处于运营状态，从项目的数量上看，环境项目占6%，主要为市政垃圾处理项目和城镇固废公共设施的建设项目。[3] 若依据PFI制度在环境治理项目的实施类型看，政府购买环境公共服务项目最为常见，其他两种类型实施的情况相对不多。时至今日，随着PFI优势逐渐消失，甚至一度为英国政府带来巨额财政负担，环境方面PFI模式同样概莫能外。为应对现实的挑战，英国政府已经积极做出了调整，意图使PFI制度焕发新的活力。

第三节　两大法系之比较评析与展望

通过比较分析两大法系公私合作环境治理的重要理论、主要制度和

---

[1] Ruane S., "Corporate and Political Strategy in Relation to the Private Finance Initiative in the UK", *Critical Social Policy*, Vol. 30, No. 4, 2010, p. 519.

[2] Alessandro L. D., Bailey S. J., Monda B., Giorgino M., "PPPs as Strategic Alliances: From Technocratic to Multidimensional Risk Governance", *Managerial Finance*, Vol. 40, No. 11, 2014, pp. 1095–1111.

[3] 谢煊、孙洁、刘英志：《英国开展公私合作项目建设的经验及借鉴》，《中国财政》2014年第1期。

典型案例，不难看出，无论是大陆法系，还是英美法系，在"合作国家"理念的冲击下，①都对环境权力进行了优化，将民间资源和公民社会等纳入环境治理之中，建构公私合作模式成为时代转型发展的必然趋势。作为一种"新治理模式"，②公私合作环境治理通过一种制度性的妥协方式，采取诱导性手段，促使不同的环境治理主张在相互对抗中达到一种反思性衡平。通过协商对话等机制，使得主体之间取得信任与合作。公私合作环境治理改变了传统环境权力的"高压"姿态，有效地排除了单方环境权力行为的恣意性，有助于对环境主体和相对人之间不完全对等的倾斜度进行纠偏，实现环境治理由"秩序行政"向"合作行政"转型与整合。

正是基于相似的时代背景和发展需求，尽管理论上或是实践中，大陆法系和英美法系关于公私合作环境治理的提法和做法略有不同，但就其本质而言，二者之间的差异不大，甚至某些方面高度重合，如出一辙。特别是两大法系在各自的发展进程中，因为需要面对同样的经济社会问题，越发促使二者相互学习与借鉴，从而在一些理论演进或是制度形成方面，彼此融合、互为借鉴。对于这些共性问题，前文已经做了较为详尽的论述，不再赘述。本书基于法学功能主义视角，对两大法系发展的差异之处展开简要评析。

一 评析：基于功能主义视角分析

公私合作环境治理问题的核心仍是公权力与私权利的合理配置问题。目前，从法学的方法论角度来看，两大法系建构各自公私合作环境治理制度时，对于公权力与私权利之间的法律配置表现出一定的分野。通过归纳分析，本书将之大致区分为两种基本法学范式，即规范主义控权模式与功能主义建构模式。

（一）逐渐式微的规范主义

规范主义仍是大陆法系传统公法学主流思想的一种基本类型，强调以立法机关制定的"法律规则"或"立法指令"来控制权力。基于此，

---

① 张桐锐：《行政法与合作国家》，《月旦法学杂志》2005年第6期。
② 詹镇荣：《公私协力与行政合作法》，新学林出版股份有限公司2016年版，第9页。

一些大陆法系的学者探讨了公私合作的民主正统性问题或者基本建制原则。① 他们认为："公组织不得藉由将实现公益过程之一部分委诸私主体，而回避宪法之拘束原则，如民主国原则、法治国原则、基本权利保护之拘束。"② 这种以立法为取向并严格服从于法律规则的规范主义控权模式，是一种机械、内在封闭式的规则之治，更多的是通过规则对政府环境行为进行一种外在的权力控制。

对于公私合作环境治理而言，显然并不适合以规范主义的控权模式为依据，其原因在于：一方面，规范主义以控权为基本导向的思维惯性，无暇顾及环境治理中多元主体利益的主张。作为一种方法，规范主义尽管保护了利益代表模式，但却导致了规则制定和实施过程的僵化，在解决管制问题时无法鼓励创新、调整和合作。③ 另一方面，环境治理存在诸多未知的决策和执行风险，一些环境法律利益关系日趋复杂，缺乏必要灵活性的环境法律规则主导之下的控权模式，无法实现政府自身调节功能的充分发挥与自我生长。

（二）新型主流的功能主义

功能主义是近年来被英美法系逐步重视的新型法学思想，与规范主义的"法律自治"理想不同，功能主义体现的是立法与政策并重的"政府规制与公民自治"风格。"这种功能主义风格不是把法律当作一种与政制完全不同的东西，而是将其视为一种作为政制机械的一部分的工具。"④ 因此，功能主义体现在公私合作环境治理的实践过程中，必将是一种能动式的环境治理模式。事实上，英、美等国在环境治理和环境公共设施建设过程中，采取民营化或者公私合作等措施和手段，其基本出发点就是"促进社会经济发展"。因此，从实施的实际举措看，完全体现出一种功能主义的公私合作环境治理模式。

---

① 詹镇荣：《公私协力与行政合作法》，新学林出版股份有限公司2016年版，第21页以下。

② 刘宗德：《公私协力与自主规制之公法学理论》，《月旦法学杂志》2013年第6期。

③ ［美］朱迪·费里曼：《合作治理与新行政法》，毕洪海、陈标冲译，商务印书馆2010年版，第29—31页。

④ ［英］马克·洛克林：《公法与政治理论》，郑戈译，商务印书馆2002年版，第186页。

在英、美等国，公私合作环境治理的法治进路以功能主义的建构模式为依归。具体而言，主要是以环境治理的成本效益为切入，从控制环境权力转向环境治理的功能效益；以环境治理的正当程序优化为中心，有效发挥程序对政府环境规制权力的能动性；重视市场主体在环境治理中的作用，促进私权利主体发挥其自治功能。从本质上来看，公私合作的功能主义建构模式是一种"原则"之治，是在法律理念和原则主导下的政府自我治理，并考虑环境治理过程中所有参与主体的利益，以确保所有受影响的利益在环境治理的立法、执法与司法中得到公平的代表。在美国学者多纳休教授和泽克豪泽教授看来，"合作治理利用了所有美国能力——公共以及私营的，营利以及非营利的，雇员以及志愿者的——追求公共利益。并且它释放了具有企业家精神的人所具有的不可预测之资源，来即兴提供全新的、灵活的解决方案"[1]。在美国的环境法治实践中，许多的环境立法中都包含有公民诉讼的条款，从而使私人主体成为环境执法的参与者。[2] 一些非政府组织、公众、专家人员通过环境影响评价制度，在环境治理中发挥越来越重要的作用。基于环境法治实践而设计的公民诉讼制度和环境影响评价制度，高度契合了当前的环境治理实践需求，也基本适应了经济社会发展与环境保护的需要。正是基于这种功能主义的法治思维导向，美国和英国的一些公私合作环境治理制度也逐步被包括大陆法系在内的世界其他国家所效仿与借鉴。

二 展望：挑战及进一步发展空间

（一）两大法系面临的挑战

1. 大陆法系面临的主要挑战

德国从英、美等国引进公私合作制度后，刚开始学界的相关研讨并不十分热烈，但是在突破宪法和相关法律的挑战之后，无论是在理论

---

[1] ［美］约翰·D. 多纳休、查理德·J. 泽克豪泽：《合作：激变时代的合作治理》，徐维译，中国政法大学出版社2015年版，第312页。

[2] ［美］朱迪·费里曼：《合作治理与新行政法》，毕洪海、陈标冲译，商务印书馆2010年版，序言。

上，还是在实践中，开展了"密集致力于加强利用私人执行公共任务"的举措，从而取得了丰硕的成果。① 日本学者山本隆司教授在公私协力成为各国公法学流行的主题之后，开始着重省思日本公私协力的动向和发展等课题。他认为，公私协力是一个促使日本公法学反省的概念，"以公私协力为关键词，能够以更广阔之视野评价行政、财政改革动向，而对此动向课予一定条件与界限"②。

我国台湾地区学者詹镇荣教授认为："公私协力是现代国家行政改革与民营化方案下的产物，具有强烈的政策性与目的性取向。然而，公私协力若欲在现行法秩序中加以根植与实践，则将对传统行政法学造成巨大的挑战。"③ 张桐锐教授认为，在现代国家的民主化进程中，出现了人民利益与需求的议题化和法律化问题，"合作国家"模型为观察现代工业社会所面临的国家活动及其与社会关系的转型问题提供了新的观察角度。但这种模式乃是试图说明法律系统外的社会变化，这种变化可能构成法律系统演化的压力，从而也成为法学必须面对的问题。④

总而言之，大陆法系公私合作理论及其所衍生出所谓的"公私合作管制模型"，由于相关概念过于笼统无法准确界定，加上实践形态呈现非常多样的状态难以有效把握。因此，与传统大陆法系国家所追求严谨、精细的规范主义的法治观存在隔阂。此外，公私合作及其相关理论与传统行政法学中原有的行政委托、行政助手、行政契约等法律理论和制度存在高度的重合或交集关系，因此，在环境法和环境治理中，对这些法律关系做出明确的概念切割，绝非易事。

2. 英美法系面临的主要挑战

英国学者达霖·格里姆塞以基础设施供给和项目融资的全球革命为例，探讨了公私合作伙伴关系及其可能遭遇的挑战，如公部门与私部门

---

① ［德］扬·齐科：《从德国宪法与行政法观点论公私协力——挑战与展望》，詹镇荣译，《月旦法学杂志》2010年第5期。

② ［日］山本隆司：《日本公私协力之动向与课题》，刘宗德译，《月旦法学杂志》2009年第9期。

③ 詹镇荣：《论民营化类型中之"公私协力"》，《月旦法学杂志》2003年第11期。

④ 张桐锐：《合作国家》，载《当代公法新论（中）——翁岳生教授七秩诞辰祝寿论文集》，元照出版公司2002年版，第579页。

之间的不对等关系问题，公私合作可能对行政问责制与公众利益造成负面影响，以及公私合作中竞争机制问题等。①

在美国学者多纳休教授和泽克豪泽教授看来，尽管美国民营化和公私合作等到普遍的实施，但是，"在没有预知其如何执行的情况下，人们无法评估公私合作是否比直接的政府生产或者简单的合约，或者其他替代的方法更有前途"。甚至，"政府可能只是玩错了游戏。它可能处理不好委托的形式——为一个非常适合简单的合约方式完成的任务选择了复杂的合作方式，当减少束缚会带来更大的公共价值时却限制私人裁量权，或者相反，给予其私人合作者欠考虑的广泛自由，而不得不承受裁量权滥用带来的后果"。② 两位教授运用成本效益和共享利益等分析方法，结合美国政府采取公私合作的方式处理 2010 年墨西哥海湾石油泄漏事件，但是最终导致失败的典型事例。研究指出，政府是否需要采取公私合作方式，以及如何挑选合适的私人合作伙伴，是合作治理能否取得成功的关键。

总之，由于英美法系传统上，主要是采取实用的功能主义法治观。因此，无论是英国的 PFI 制度，还是美国的民营化，都是能够较好地适用经济社会发展需要的公私合作制度。但是，由于这些国家缺乏严谨的成文法律制度，对公私合作制度加以严格的立法控制，容易导致公私合作实施的法律风险。同时，英、美等国实施公私合作的终极目标打造"从成本/私益角度看更好的政府"，③ 那么，在环境治理过程中，如何权衡公私合作所产生的公共价值与政府收益之间的关系，成为学界无法忽视的重大问题。

（二）进一步发展的空间

1. 合作理念的突破

德国著名法学家拉德布鲁赫认为："没有任何一个人类作品能够既

---

① ［英］达霖·格里姆塞、［澳］莫文·K. 刘易斯：《公私合作伙伴关系：基础设施供给和项目融资的全球革命》，济邦咨询公司译，中国人民大学出版社 2007 年版，第 240—242 页。

② ［美］约翰·D. 多纳休、查理德·J. 泽克豪泽：《合作：激变时代的合作治理》，徐维译，中国政法大学出版社 2015 年版，第 230 页。

③ ［美］E.S. 萨瓦斯：《民营化与公私部门的伙伴关系》，周志忍等译，中国人民大学出版社 2002 年版，第 5 页。

不涉及理念而又能被人所理解，桌子不能，法律就更不能；法律概念只能作为追求法律理念的现实来确定。"① 那么，在传统大陆法系中，不能仅仅停留在将公私合作环境治理视为一个法律概念，而必须对其所明确追求和反映的法律理念进行深刻的挖掘。换言之，公私合作环境治理及其法治建构，应放置于功能主义视角下，明确其具体的法律理念，实现其法律价值指引功能。

从功能主义法学角度看，公私合作环境治理当然不是一个控权问题，而是在法治框架下处理公部门主体和私部门主体之间的法律关系，理清两者的基本功能与价值定位的问题。究其实质而言，是"合作理念"的确立及其对价值冲突的协调问题。对环境公权与私权利"为何合作"及其"如何合作"的认知和界定，直接决定了公私合作环境治理的行动意向和实施成效，因为"正确理解合作是治理的根本问题"②。当前环境治理实践过程中存在的权责边界不清、主体地位不对等和责任推诿等问题，其根本原因在于缺乏合作理念的指导，缺乏对环境公权力与私权利之间合作的认知。因此，树立合作治理的法律理念，明确公私合作环境治理的法治方向，仍是横亘在我国环境治理法治进路中的一道难题。

2. 法定原则的设计

环境治理涉及政府、企业、公民组织、公众个体等多元主体，不同主体之间的利益复合叠加、相互纠葛。环境治理的公权力主体与私权利主体利益失衡问题，本质上是不同主体对环境公权力与环境私权利的不同利益诉求及其冲突所致。利益冲突的解决是实现公权力主体与私权利主体良性互动与协调发展的根本。笔者认为，协调公私合作环境治理的利益冲突的基本原则主要表现在三个方面：公私合作的经济性原则、公益维持原则以及国家责任担保原则。

首先，公私合作环境治理的最重要的原则是经济性原则。从英美法系国家民营化进程看，民间参与环境公共建设的初始动机是解决政

---

① [德] 拉德布鲁赫：《法哲学》，王朴译，法律出版社2013年版，第29、33页。
② [美] 约翰·D. 多纳休、查理德·J. 泽克豪泽：《合作：激变时代的合作治理》，徐维译，中国政法大学出版社2015年版，第287页。

府财政问题，也就是希望民间资金的投入或者参与，使得国家在环境公共建设领域的财政负担得以缓解。由此可见，民间参与环境公共建设，首先应该符合经济性原则。一般而言，经济性原则属于预算法以及政府采购法中的预算支出原则，必然要求国家对预算作最为有效的运用，即通过最少财政支出，获取最大的对价。在此意义下，经济性原则实际上与"节约原则"同义。在此所称的经济性原则是指"相较于国家自为建设者与经营者，国家财政负担必须在正常情形下，因民间参与公共建设而获得减缓"。所谓财政负担是否减缓的比较，本书认为，不应仅仅从公共建设经费本身做观察，需要将国家为促进民间参与意愿所析出的所有"财政诱因"以及为此增加的"财政支出"计算在内。例如，给予租税优惠所减少的税收、因征收私人土地所付出的支出、贷款利息和公共建设补贴等。德国联邦最高法院曾经受理一起案件。案件事实是：地方政府许可自治团体将游泳池交由私人企业兴建，导致地方自治团体必须负担更多租金。经审理，法院判决认定，地方政府许可行为违反了经济性原则。同时，法院还认为自治团体违反了职务义务。

其次，公私合作环境治理最根本的原则是公益维持原则。民间参与环境公共建设因其模式不同，与设施利用人之间所产生的法律关系各不相同，如在环境法上征收排污费或自然资源规费的环境项目尤其显著。纵然如此，一些环境公共项目通过民间兴建与营运，外部法律关系的主体由"国家"与人民转变为"民间机构"与人民，则为共通的特征。只是公共建设的兴建与营运从国家的公益实现行为转变为私经济主体所从事的营利活动。为避免设施利用人权益因民间机构追求利润而受到损害，国家仍应担负起公益维持的义务，通过相关的管制与监督措施，保障人民在现代生活中的公共建设领域的需求得以获得，并符合人性尊严的最低限度。这是现代法治国家的立法者基于基本环境权保障义务，以及社会国家下人民生存照料确保义务所形成的宪法上的要求，且不因采取公私合作而有所松动。环境公益的维持责任非但不得遁入私法，同样也不得"遁入公私合作"。

最后，公私合作环境治理的最基本的原则是国家责任担保原则。在德国等大陆法系国家，通常明确规定：环境公私合作行为通过私部门的力量，完成环境公共建设与营运的环境行政任务，与环境行政任务全然转移于私人而形成任务私人化尚存在明显差别。[1] 这是因为，即使采取公私合作行为，国家仍然应该保留环境行政任务执行的法定职责。这是基于：当私部门无法履行时，环境公私合作治理的相关协定或规定中应有国家承接的制度设计，以确保环境公共建设得以顺利兴建与营运。至于是由国家亲自承接，抑或委托他人继续兴建或营运，则应视相关的环境公共建设是否涉及人民生存照顾所不可缺少或对其具有重要性情形而定。同时，鉴于民间参与公共建设的阶段具有多重性，因此，在设计国家承接制度时，应考量兴建、营运、转移各阶段属性的不同，而采取对应的措施。

综上所述，通过剖析大陆法系和英美法系的法治实践，展望我国未来的公私合作环境治理的法治建设，笔者认为，环境治理及其法治建设亟待确立一种新法律理念，以协调环境治理中公部门与私部门之间的环境保护利益关系，化解环境治理的多元主体利益矛盾和冲突。合作理念作为一种新型的科学发展思想，是面向共治格局的环境法治形态。[2] 合作理念倡导功能主义的能动法治观，为环境治理公权力与私权利两者的功能界定与价值定位提供了依据，有机地契合了我国当前环境法治的发展趋势，是高质量构建我国环境法治体系的必然要求。因此，环境治理的法治进路以"合作理念"为指引不仅必要，而且可行。

在对待公私合作环境治理的问题上，我们既要立足于实际国情以及环境法发展的需求，也要着眼于未来需要而选择借鉴西方国家法治经验。当然，任何试图洞悉并运用某个单一公私合作模式的努力，都存在潜在扭曲的可能，而且可能会分散我们对世界复杂性的注意，阻碍我们去发展解决所面对的各种问题的现实主义方案。站在更全面的视角，可能的确需要建立一个包括立法、行政、司法等在内的"多管齐下"的公私合作环境治理体系。但是，在我国的现时状况下，仅仅呼吁建立一个形式上的环境治理框架还远远不够，更重要的是对治理内容和方式作

---

[1] 王毓正：《论国家环境保护任务之私化》，《月旦法学杂志》2004 年第 1 期。
[2] 杜辉：《面向共治格局的法治形态及其展开》，《法学研究》2019 年第 4 期。

出更深层次的填补和完善。这就需要我们进一步着眼于全球化的视野，对西方法治发达国家解决公私合作环境治理问题及其法治模式进行深入细致的考察，并在此基础上，对我国公私合作环境治理的实践模式做出理性的选择。

第四章 公私合作环境治理之实践考察

我国公私合作环境治理的实践呈现出多样性的特征，因此，进行实践考察，需要综合运用类型化分析方法和典型案例分析方法，分析公私合作实践模式的基本类型，并结合我国的实践，提出将公私合作环境模式区分为多元共治模式和民营化模式。对于公私合作环境的实践样态分析，主要是结合公私合作的三大功能定位，从环境组织法、环境行为法和环境程序法三个方面对其进行类型化研究。公私合作环境治理在实践中呈现多样性的特征，难以一一列举分析，基于此，本书针对社会源废弃物信息获取模式选择及其法律规制问题，研究分析公私合作以获取信息的功能和价值，通过典型个案考察，探究其基本实践样态与法治现状。

第一节 公私合作环境治理之实践模式

对公私合作环境治理的实践模式展开科学的研究，有助于客观地分析和把握环境治理中纷繁复杂的公私合作现象及其本质问题，并根据不同的公私合作的实践样态而采取不同的法律规制手段。也能更好地促进不同地方政府与企业、社会组织等私主体各自发挥自身禀赋优势，从而实现环境治理公共利益的最大化，确保环境治理效率的最优化。基于此，中外学者非常重视公私合作基本实践模式的研究，并取得一些学术成果，[1] 也为本书的研究提供了许多值得借鉴的思路。

---

[1] 邹焕聪：《公私合作（PPP）法律问题研究》，人民出版社2017年版，第52—74页。

一　公私合作实践模式之类型分析

（一）德国公私合作类型

公私合作作为公、私部门共同合作履行行政任务的集合概念，其形态在实践中具有多样性，难以区分相互差异。根据德国传统的行政法学和环境法学方面的立法例及实践，对公私合作的研究及其具体类型的区分主要限缩于"公法效果"之合作型行政契约关系。这种合作型行政契约关系在环境法学领域同样普遍存在，因此，公私合作环境治理行为具体展现在各种不同的环境法律关系中，公私合作契约关系呈现诸多方面的差异性，相互之间存在不同程度的紧密关系。当然，国家与私人共同执行环境行政任务并非行政法学和环境法学上的新兴领域，在环境法学领域同样存在环境治理的公私合作问题讨论。

德国学者阿斯曼对于公私合作的理解较为片面，他认为公私合作仅仅局限于私人参与行政任务；合同也可能是因行政之参与社会任务而生。[1] 奥森比尔认为，以私人参与密度为基准将私人履行行政任务的形态区分为六种类型的公私合作形式：一是私法组织形式的国家；二是行政任务转移私人；三是以法律课予私人公法上的义务；四是受国家监督的私人减轻国家负担行为；五是受国家鼓励与促进的私人行为；六是国家与私人合作。[2] 齐科教授认为，公私合作在本质上是透过民法上的机制予以实现的，可被区分为七种基本模式：一是承购者模式；二是贷款模式；三是出租模式；四是所有人模式；五是委外模式；六是特许模式；七是公司模式。[3] 此外，德国学界与实务界惯以公、私部门合作形成的内、外部法律关系为视角，区分公私合作的类型，如特丁格教授主张将所有公私部门合作履行公共任务者，都涵盖在公私协力之概念之

---

[1] ［德］施密特·阿斯曼：《秩序理念下的行政法体系建构》，林明锵等译，北京大学出版社2012年版，第254—260页。

[2] 转引自詹镇荣《论民营化类型中之"公私协力"》，《月旦法学杂志》2003年第11期。

[3] ［德］扬·齐科：《从德国宪法与行政法观点论公私协力——挑战与发展》，詹镇荣译，《月旦法学杂志》2010年第5期。

中。针对公私合作模式的具体分类，他认为可以区分为八种模式：经营管理模式、经营者模式、经营委托模式、短期经营者模式、经理模式、咨询模式、发展模式与合作模式。其中，在行政实务中最被广泛采取的是经营者模式。[①]

（二）英、美等国公私合作类型

美国著名的民营化大师萨瓦斯认为，民营化等公私合作的形式主要有：公营事业资产部分转移民间、行政业务委托民间办理、行政受托人与行政助手法律机制，以及吸收私人资金参与投资公共建设等。[②] 美国政府问责局（U.S. Government Accountability Office, U.S. GAO）在总结美国政府所使用的各种类型的公私伙伴关系的基础上，将与建筑和设施有关的公私合作概括为建设—拥有—运营、建设—转让—营运或建设—营运—转让、购买—建设—营运、服务合同（包括运营与维护合同和营运、维护与管理合同）、设计—建设—营运、开发商融资、促进使用的租赁、租赁—开发—营运或建设—开发—营运、租赁—购买、出售—回租、免税租赁与承包共十二种公私合作类型。

在英国，根据资金回收方式的不同与环境治理公私部门间的责任分担等事业特征，大致可以将英国环境PFI归纳为下列三种实践类型，即自立型、购买公共服务型和合资型。此外，根据环境基础设施供给和环境融资项目的不同，英国学者将公私合作方式分为环境机构型（Institutionalized）公私合作和环境契约型（Contractual）公私合作，以及按照私主体参与的不同程度分为建设—运营—移交（BOT）、建设—拥有—运营（BOO）、租赁（Lease）和合资（JV）。[③]

而根据美国公私伙伴关系全国理事会的分类，公私合作大体被区分为十四种：运行和维护（Operation and Maintenance）；运行、维护和管理（Operation, Maintenance & Management）；设计—建设（Design-

---

① 转引自詹镇荣《公私协力与行政合作法》，新学林出版股份有限公司2016年版，第13—14页。

② ［美］E.S. 萨瓦斯：《民营化与公私部门的伙伴关系》，周志忍等译，中国人民大学出版社2002年版，第253页。

③ ［英］达霖·格里姆赛、莫文·K. 刘易斯：《公私合作伙伴关系：基础设施供给和项目融资的全球革命》，济邦咨询公司译，中国人民大学出版社2008年版，第9页。

Build）；设计—建设—维护（Design-build-Maintain）；设计—建设—运行（Design-Build-Operation）；设计—建设—运行—维护（Design-Build-Operate-Maintain）；设计—建设—运行—维护—转移（Design-build-Operate-Maintain-Transfer）；建设—运行—转移（Build-Operate-Transfer）；建设—占用—转移（Build-Own-Operate）；购买—建设—运行（Buy-Build-Operate）；开发融资（Developer Finance）；增强用途租赁或未充分利用的资产（Enhanced Use Leasing or Underutilized Asset）；租赁—开发—运营或构建—开发—运营（Lease-Develop-Operate or Build-Develop-Operate）；租赁/购买，销售/回租，免税租赁（Lease/Purchase、Sale/Leaseback、Tax-Exempt Lease）。[①] 美国公私伙伴关系全国理事会的分类比较全面，但是公私合作模式局限于公共基础设施，而且大多数可以归为 BOT 及其变种类别之中。因此，想要清晰地区分这些纷繁复杂的公私合作及其基本类型，需要认真对公私合作类型做细致的甄别。

日本东京大学教授山本隆司将公私合作分为：（1）执行、实现层面的公私合作模式，包括 PFI、指定管理人、市场化测试等形式；（2）决定层面之公私合作模式，包括指定法人、登录机关等形式；（3）为准备作成具有法效果决定之信息处理层面之公私合作；（4）替代具有法效果决定之信息处理层面之公私合作。[②] 米丸恒治教授将民营化、民间委托、民间活力之活用、由官至民、公私协力等现象都纳入"私人行政"的概念，他将"私人行政"区分为实质上的私化（或者财产私化）、形式上私化（组织私化）和功能的私化（部分私化或外部委托）三种类型。此外，学者宫胁淳教授根据公私合作的组织模式将其整理为"协力型"（type of partnership）、"垂直控制型"（type of vertical control）与"市场型"（type of market）三种形式。其中，"协力型"则又可以根据设施兴建主体与经营主体之不同，再细分为"公设民营""民设公营""业务委托""PFI""公有土地活用""一体整备"与"职

[①] 邹焕聪：《公私合作（PPP）法律问题研究》，人民出版社 2017 年版，第 58—59 页。

[②] ［日］山本隆司：《日本公私协力之动向与课题》，刘宗德译，《月旦法学杂志》2009 年第 9 期。

能分担"等多种类型，现实公私合作概念在日本并非停留在抽象的理论阶段，已经成为实际的操作方式而广为活用。①

（三）我国公私合作的类型

余晖、秦虹等学者认为公私合作的模式通常是指公共部门与私人部门为提供公共服务（主要是公用性基础设施建设）而建立起来的一种长期合作伙伴关系，这种伙伴关系通常要通过正式的协议来确定。他们认为，公私伙伴关系的形式非常灵活，包括特许经营、设立合资企业、合同承包、管理者收购、管理合同、国有企业的股份转让或对私人开发项目提供政府补贴等方式。②高秦伟教授从目的和功能的角度，结合我国煤炭行业监管中的公私合作实践，将公私合作的实践模式区分为四类：（1）责任落实型；（2）关系协调型；（3）资源整合型；（4）公务协助型。③邹焕聪博士对外国的公私合作进行了类型化分析，结合我国国情和行政法特点，提出将公私合作分为四类基本模式：（1）民营化型公私合作、公营化型公私合作与治理型公私合作；（2）型式化公私合作与未型式化公私合作；（3）契约型公私合作与非契约型公私合作；（4）组织型公私合作与非组织型公私合作。④张一雄博士通过行政法释义学理论，将公私合作分为：（1）组建混合公司模式；（2）行政辅助人模式；（3）行政委托模式。⑤

我国台湾地区詹镇荣教授以"自由合作意愿"作为必要条件，并根据不同标准对公私合作进行了不同的区分。如根据公私合作标的事务性质，可区分为：（1）涉及公权力行使的行政受托人以及无涉于公权力行使的行政助手；（2）根据合作伙伴之一的私部门在执行合作事项时，是否具有独立性，可区分"非独立之行政助手"以及"独立之行政助

---

① 林淑馨：《日本公私协力推动经验之研究：北海道与志木市的个案分析》，《公共行政学报》2009年第32期。

② 余晖、秦虹主编：《公私合作制的中国试验》，世纪出版集团、上海人民出版社2005年版，第37页。

③ 高秦伟：《论中国大陆煤炭能源监管中的公私伙伴关系》，《月旦法学杂志》2009年第174期。

④ 邹焕聪：《公私合作（PPP）法律问题研究》，人民出版社2017年版，第63—74页。

⑤ 张一雄：《公私合作行政行为形式选择之理论与实践》，东南大学出版社2018年版，第55—60页。

手"。此外，根据詹镇荣教授和其他学者的一般观点，公私合作基本可以区分为行政机关基于行政契约授予私人行政公权力、行政助手、业务委托、公私合资事业的设立与经营、民间参与公共建设，以及受国家管制的社会自我管制等类型。[①] 程明修教授从公私合作目的出发，将之区分为：（1）领导者模式；（2）营运者模式；（3）营运委托模式；（4）短期营运者模式；（5）管理模式；（6）咨询模式；（7）发展模式；（8）合作模式。[②] 许宗力教授则根据我国台湾地区过去的民营化经验，依据不同的标准将民营化区分三种类型：（1）实质与功能的民营化；（2）全部与部分民营化；（3）强迫性与自愿性民营化。[③]

二 环境法上公私合作之实践模式

（一）德国环境法上公私合作之基本模式

德国学者特丁格（Tettinger）教授在论及德国废弃物清理之服务民营化关联性时，提出八种公私合作的基本模式：[④]（1）经营管理模式。经营管理人在契约基础上，以公行政主体之名义与费用，经营国家的设施。经营管理人仅从行政主体处获取相当之报酬，经营风险由行政主体自行承担。在外部关系上，经营管理人系为行政主体提供公共服务，其自身并不与设施利用人产生直接的法律关系。（2）经营者模式。这种模式赋予私部门更大的参与空间，亦即经营者在市场竞争的条件下，自负责任地提供所有规划与兴建新设施，并且承担之后的经营与管理。经济上之风险由经营者自行承担，至于"经营者—国家—设施利用人"间之法律关系，原则上与前述经营管理模式相同。设施利用人缴纳给经营者的费用，视为他人服务的对价，算入行政主体的规费中。（3）经营委托模式。此模式是介于前两种模式之间的中间型模式，较之第一种模

[①] 詹镇荣：《公私协力与行政合作法》，新学林出版股份有限公司2016年版，第13页。

[②] 程明修：《经济行政法中"公私协力"行为形式的发展》，《月旦法学杂志》2000年第5期。

[③] 许宗力：《论行政任务的民营化》，载《当代公法新论（中）——翁岳生教授七秩诞辰祝寿论文集》，元照出版公司2002年版，第585—593页。

[④] 转引自詹镇荣《论民营化类型中之"公私协力"》，《月旦法学杂志》2003年第11期。

式而言，本模式在经常性之经营时享有较多的形成空间，且有较多的个别外部效力行为的授权。（4）短期经营者模式。此为第二种经营者模式的修正，系指相关设施由经营者兴建完成，并且在营运初期阶段承接经营者业务。一般所称 BOT 模式。（5）经理模式。指仅将总体计划中之特定功能移转于他人。换言之，整体经营事项被区分为数个部分，而分别委托外包。（6）咨询模式。指在设施之规划、兴建与营运的决定与控制阶段中，私人之参与仅限于提供具体的建议与咨询。（7）发展模式。此并非涉及特定的部分任务，而是系指都市建设及建筑法意义下的具体区域的整合性开发，从而为大型计划提供广泛的且个案化的特殊解决方案。（8）合作模式。此与上述经营者模式相似，唯公部门此时系与私经济主体共组一公民合资公司。

上述所列举的八种基本公私合作模式中，尤其又以"经营者模式"和"合作模式"在德国行政实务上被广泛运用。[①] 然而，上述各项公私合作类型毕竟属于行政实务发展后的个案归纳产物，虽然说明了公、私部门在任务履行的各种合作密度可能性，具有参考价值。但由于欠缺一般客观、抽象的判断与区分基准，因此，对公私合作法律体系的形成恐助益有限。

（二）我国公私合作环境治理之基本模式

环境法调整的范围十分广泛，主要由几个完全不同发展层次的环境法律领域所组成：《固体废物污染环境防治法》《放射性污染防治法》《大气污染防治法》等是从警察法所发展出来，而在《土地管理法》《渔业法》等方面，则是由物权法律和相关公法规则所规制。这些环境法规制的领域，可依据不同的法律关系加以组合，形成两项体系化的环境法规制领域：一方面，环境法是一种风险法治，如在危险化学品安全管理、药品安全管理、生物安全管理等立法、执法领域，必须克服科技发展的不确定性；另一方面，在水资源法与自然资源保护法领域，环境法是共同体利益的分配法与保护法，共同体利益是由多数使用利益来决定。

---

① 程明修：《经济行政法中"公私协力"行为形式的发展》，《月旦法学杂志》2000 年第 5 期。

本书认为，为处理环境风险问题，国家需要应对环境治理过程中不确定问题，一方面需要更多地吸纳企业、社会组织和个人参与到国家环境治理中来，也就是所谓的将国家环境任务"内部化"，从而形成环境治理的多元共治模式；另一方面，环境法也是涉及国家、企业和公众的共同环境利益的分配和保护法则，特别在市场经济的冲击下，环境法不能回避市场机制在环境资源配置中的基础作用。在如何充分有效地配置现有有限的环境资源，如何最大限度地优化这些环境资源的使用效率，应当引入民营化等市场机制，也就是通过环境民营化模式，改变传统的由政府统一支配环境资源的模式。因此，公私合作环境治理之基本模式必须包括环境公私合作的民营化模式。

1. 关于环境治理的多元共治模式

环保事务的利益结构形态及其利益主体，与环保任务一样错综复杂。环境利益博弈理论显示：欲作有利于一方利益之决定，若未牺牲他方利益通常无法达成，这是博弈的结果，也是环境法的基本作用结构。持续发展的利益与维持现状的利益，依地域空间或专业划定的利益、短期急遽出现的利益或长期应予保护的利益，在此呈现出相互纠结难解的情形。多元利益结构是环境行政法的基本运作状况。[①]

从宪法的基本权利理论出发，环境法肩负着授予、运作、规制环境权力，保障和实现公民基本环境权利的重要使命。环境权力是指由环境法律规范设定，由特定环境行政主体依法享有并实施的环境立法权力、环境行政权力、环境司法权力，及以其他行为方式体现出来的公共权力。如前所述，在风险社会背景下，如何有效运用环境权力应对风险社会中凸显的生态安全危机，化解风险社会中的环境风险，建立环境治理的多元治理格局已经成为环境法发展新的时代使命。

多元治理理论为环境治理模式变革提供了新的思考维度。通过社会组织、公民个体与政府的"协作"实现多元"共治"的环境治理。"协作"强调了传统的环境权力在社会组织、公民个体与政府之间的重新配置；"共治"强调了协作的目的是实现环境利益相关方的整体利益最

[①] [德] 施密特·阿斯曼：《秩序理念下行政法体系建构》，林明锵等译，北京大学出版社2012年版，第112页。

化，推动社会利益的总体衡平。多元"共治"的环境治理体系中政府的角色由传统的强权控制转变为综合协调。环境权力的行使方式由传统命令服从式的直接管制转变为整合、动员等柔性规制方式，并根据实际需要，把握环境治理进程和适度采取管制措施。作为行政相对方，社会企业、公民个体的主体角色同样发生转变，他们不再是消极被动地参与环境治理活动，而是积极主动地参与环境决策，甚至"变身"为某些环境治理行为的管理者和执行者。如在某些政府职能转移过程中，行业协会等社会组织已经成为环境治理的主要组织载体。对此，美国环境法学者斯坦佐研究认为，应强调重塑环境治理模式，放弃传统的命令管制手段，回归到公民社会的自我管制；[1] 佛西教授提出了合作型环境治理，提倡地方政府参与多元协商，执行合作型环境管制模式；[2][3] 学者甘宁汉则认为环境规制模式的定位，应该是建构一种新型的协同环境治理模式。[4]

依据卢曼的系统论，可以进一步分析阐述环境治理体系中多中心主体的关系和结构。从不同权力主体的关系来看，即不同的环境权力之间，也就是社会组织、公民个体与政府之间不仅存在着相互制衡的关系，也存在着公私协作的双向关系。对于政府的环境权力，纵向的上下级部门之间与横向的不同职能部门之间同样存在双向的法律制衡监督关系，以及相互的法律协作关系。据此，为有效应对风险社会的环境风险，环境共治体应以环境权力的优化为中心，着力建构环境协作机制，促进环境治理中政府、社会企业与公民个体的协商和沟通。通过及时把握法律规制手段与环境风险的互动关系，推动环境体制机制变革的正当化和理性化。

---

[1] Steinzor R. I., "Reinventing Environmental Regulation: The Dangerous Journey from Command to Self-control", *The Harvard Environmental Law Review*, Vol. 22, No. 1, 1998, pp. 103–202.

[2] Forsyth T., "Cooperative Environmental Governance", *Journal of China National School of Administration*, Vol. 25, No. 3, 2004, pp. 92–94.

[3] ［英］蒂姆·佛西：《合作型环境治理：一种新模式》，谢蕾摘译，《国家行政学院学报》2004年第3期。

[4] Gunningham N., "Environment Law, Regulation and Governance: Shifting Architectures", *Journal of Environmental Law*, Vol. 21, No. 2, 2009, pp. 179–212.

2. 关于环境治理的民营化模式

最早提出民营化建议的学者是美国的彼得·F. 杜拉克教授，他在 1969 年出版的著作 *The Age of Discontinuity* 中使用了"Reprivatize"一词。随后，美国学者罗伯特·W. 普尔在 1976 年发表的论文 Cut Local Taxes without Reducing Services 中开始使用"Privatization"一词，1983 年英文词典 *Webster's New collegiate Dictionary* 将之纳入其中。

"民营化"一词的英文为"Privatization"，常被翻译为"私人化"或者"私有化"。"民营化"作为一个专门的法学概念引入我国法律领域，是 20 世纪八九十年代的事情。英国学者 John Vicker 和 George Yarrow 将民营化定义为：凡是强化市场力量，提供事业项目经营效率与社会竞争力，缩小公有事业规模，减少公有事业支出，同时减少政府公部门对私人主体行政干预，提高民间私人资产的拥有比重并强化其对经济活动干预的，均可称为民营化。[①]

许宗力教授认为，所谓民营化是指国家利用或结合民间资源履行国家任务或将国家任务外部化为私人承担之公共任务的现象。[②] 王毓正博士则认为，这种定义存在一定商榷之处。他认为，"民营化"并非是学理上或者官方媒体上的正式用语，而仅仅属于一个实定法上的概念。王毓正博士主张，应该结合现行法律法规的规定，对民营化进行这样三个方面情形的区分：一是现有公营事业主体如果认为再无公营的必要。那么，可以通过市场机制将其股份或资产转让给私人，或持比低于 50%。在这种情形下，该经营事项已经全然去国家化，或者至少是去除了国家的直接影响力。二是电信、电力、饮用水等公共事业虽不能转移所有权或部分资产与股份，但实际的营运在中央与地方主管机关监督下交由私人执行，这也是所谓的民营公用事业。三是当下最为热门的话题的公共建设民营化，也就是国家通过法制与政策赋予相关优惠政策，使民间机构参与公共设施的建设与营运。

---

① John Vicker and George Yarrow., *Privatization: Economic Analysis*, MIT Press, 1988, p. 81.

② 许宗力：《论行政任务的民营化》，载《当代公法新论（中）——翁岳生教授七秩诞辰祝寿论文集》，元照出版公司 2002 年版，第 585—593 页。

2014年，我国财政部和国家发改委先后出台公私合作方面的政策性文件，意图将有关事项逐渐纳入法治化的轨道，从而助推我国公私合作有序发展。财政部《政府和社会资本合作模式操作指南（试行）》指出，"项目运作方式主要包括委托合同、管理合同、建设—运营—移交、建设—拥有—运营、转让—运营—移交和改建—运营—移交"六种模式。[①] 在主管部门的相关政策文件的推进下，我国公私合作方式在环境治理中日益彰显可期待的良好前景。

第二节　公私合作环境治理之实践样态

一　公私合作环境治理之组织创新

有别于以固有的国家组织，国家为补充履行任务功能的不足，在实务上通常将一些民间资源与专业人员纳入国家公权力范围，以共同协助国家任务的履行。单就其参与国家任务履行的程度上的差异，可以再细分为"环境行政助手""专家参与"与"委托环境公权力"三种类型。尽管三者之间有其本质上的差异，但是同时具有补充主管机关的组织与人事上的功能的共通性。

（一）环境行政助手

环境行政助手，学界也有称为"环境行政辅助人"，通常是指在国家环境行政机关实际履行国家环境任务的时候，法定职权不发生任何改变，为解决现有行政机关人力资源等不足，采取吸纳社会组织或公民参与或辅助国家行政机关，共同完成国家行政任务的活动。环境行政助手或行政辅助人，即是对参与环境治理活动的社会组织或者公民的一种称谓。在我国环境法律法规中，尚未形成一个正式的法律用语，但是在实践中，为有效缓解行政执法的不足，我国食品安全、税务征管、环境保护、计划生育、交通运输诸多领域广泛采取行政助手或者行政辅助人制

---

① 每种项目运作方式参见财政部《政府和社会资本合作模式操作指南（试行）》相关规定。

度。① 又如，2019年1月，我国最新修改实施的《公安机关办理行政案件程序规定》第52条规定，"接报案、受案登记、接受证据、信息采集、调解、送达文书等工作，可以由一名人民警察带领警务辅助人员进行"。通过该规章的规定，我们看到，在我国警察行政管理秩序领域，警务辅助人员制度正逐渐被法律规定所认可，而且在具体警务执法活动中得到了广泛的运用。事实上，在不发生环境法定职权移转的情形下，通过这些行政助手或者行政辅助人员从事相关程序性或者事实性环境事务，能够有效弥补现有环境执法人员的不足，达到有效完成环境行政管理任务，维护社会秩序等目的。从而有效缓解和减轻环境行政机关因固定组织与人员编制的不足，及其所伴随的环境行政财政的压力。

行政助手在环境法领域最常见于固体废弃物清理（城市垃圾处置）的执行，如依据我国《固体废物污染环境防治法》第10条第3款规定，国务院建设行政主管部门和县级以上地方人民政府环境卫生行政主管部门负责生活垃圾清扫、收集、贮存、运输和处置的监督管理工作。根据该规定可知，地方人民政府的环境卫生行政主管部门对生活垃圾的清理、收集、贮存、运输和处置等工作具有法定的监督管理职责。与此同时，值得注意的是，我国《固体废物污染环境防治法》第39条规定，县级以上地方人民政府环境卫生行政主管部门应当组织对城市生活垃圾进行清扫、收集、运输和处置，可以通过招标等方式选择具备条件的单位从事生活垃圾的清扫、收集、运输和处置。该条文已经明确规定，通过招标等方式可以委托具备条件的单位从事城市生活垃圾的清扫等工作。这里的招标等方式，究其实质而言，是我国地方人民政府环境卫生行政主管部门通过招标等方式将其法定责任，交由企业事业单位，从事生活垃圾的清扫、收集、运输和处置等工作。结合这两个条文规定可知，我国城市生活垃圾处置的行政助手问题存在两方面的法律关系：一是行政主管部门通过招标等方式将相关具体事务交由企业或社会单位行使；二是行政主管部门对企业或社会单位事项享有监督管理权限。但是，现行法律并未对如何招标及其后续法律关系进行明确规定，因此，企业事业单位与行政主管部门之间的委托关系尚待明确，双方权利义务

---

① 章志远：《迈向公私合作型行政法》，《法学研究》2019年第2期。

关系有待确定。对相关实践活动的考察可知：招标委托之后，行政主管部门与企业事业单位之间的权责关系主要通过签订行政合同加以明确。同时，依据学界理论，上级行政主管部门仅须对委托行为进行合法性审查即可，而地方人民政府不仅需要对委托合同进行合法性审查，也需要对委托行为及后续的生活垃圾处置进行合目的性监督和审查。

2018年1月，我国住房和城乡建设部制定《关于加快推进部分重点城市生活垃圾分类工作的通知》，确定北京、天津、上海等46个重点城市先行实施生活垃圾分类。2019年1月《上海市生活垃圾管理条例》公布实施，第七章专门规定"社会参与"的内容。其中，该条例第44条明确规定，鼓励和引导各类市场主体参与生活垃圾源头减量和分类投放、收集、运输、处置以及资源化利用等活动。事实上，除了这些重点试点城市，我国大多数大中城市都已广泛采取招标等方式，委托专业化的环保公司或者公私合营单位专门从事城市生活垃圾处置。无疑，行政机关采取招标方式或者运用行政助手制度，可以抽身而出，转换自我的主体角色，由城市生活垃圾处置的实施者转变为监督管理者。环境行政助手制度的广泛实施，既精简了机构人员编制，节约了行政成本，也提升了我国城市生活垃圾处置的效率。2018年《中国生态环境状况公报》显示，中国城市生活垃圾无害化率高达98.2%，我国城市生活垃圾处理水平已进入世界第一方阵。[1]

（二）委托行使环境公权力

在我国，行政委托尚未有正式的法律法规对之加以明确定义，但学界对之基本含义有一致共识。所谓行政委托，是指行政机关委托行政机关系统外的社会公权力组织或私权利组织行使某种行政职能、办理某种行政事务。[2] 从宪法的角度看，由于私人受行政机关委托行使公权力，已然涉及国家任务权限主体的转移，而基于重要性理论和国家管制行为行使的民主正当性要求，这种行政任务委托或者行政任务私化，有

---

[1] 《中国城市生活垃圾处理水平已进入世界第一方阵》，http://fang-tan.china.com.cn/2019-06/14/content_74886604.htm。

[2] 姜明安主编：《行政法与行政诉讼法》，北京大学出版社、高等教育出版社2011年版，第121页。

且必须是在法律法规明文规定的情况下方能实施。如果单纯从我国环境法律规范的层面看，存在不少这样规定的空间，以便行政主管机构通过行政委托的方式，让私人主体行使环境公权力以实现国家环境保护义务。

我国《环境保护法》第24条规定，县级以上人民政府环境保护主管部门及其委托的环境监察机构和其他负有环境保护监督管理职责的部门，有权对排放污染物的企业事业单位和其他生产经营者进行现场检查。但值得注意的是，在环境治理过程中，环境主管机关通过广泛采取行政委托方式，可能存在委托范围不够明确或者范围过宽问题，违背重要性理论和国家管制行为行使的民主正当性原则。

除了上述环境法律法规以概括性规定的方式，将国家环境公权力委托社会公权力组织或私权利组织行使外，实践中，存在许多针对具体环境任务事项的委托规定。如在我国台湾地区，环境主管部门可以通过行政委托等方式，将"环境检验测定"的相关职权委托相关社会组织实施。例如，水污染防治及水质水量检验测定、移动空气污染源的定期检验测定、毒性化学物质或有关物品的样品检验、土壤及地下水污染物检验测定等，都可以通过行政委托的方式，让具备资格资质的社会组织从事采样、检验、测定等工作。目前，该类组织机构及其从事检验检测的分析量，已经占到整个台湾地区从事环境相关检验检测工作的大多数。[①] 就我国而言，我国现有的《水法》《水污染防治法》《大气污染防治法》《固体废物污染防治法》及其实施细则，尚未明确规定水质水量、大气污染源检验检测等职权可以委托给社会机构或者社会组织，但事实上，生态环境检验检测活动，主要是通过行政授权或者行政委托等方式，由社会检测机构或者相关专门的检验检测组织完成。目前，由于立法的缺失，我国各级生态环境监测主体的法律地位不明确，实施的生态环境检测活动普遍存在鱼目混珠等现象，导致现有的生态环境检测功能没有充分发挥，缺乏正面的引导和应有的法律监督效果。因此，为了更好地将生态环境检测职权委托给社会机构或者社会组织，必须通过完善或者制定生态环境监测方面的法律，有效保障环境行政委托行为的

---

① 王毓正：《论国家环境保护任务之私化》，《月旦法学杂志》2004年第1期。

实施。

(三) 专家参与环境治理

由于环境问题与科技问题紧密相关，因此，一些专业环境问题往往需要从专业技术的角度进行分析和研究，因此，专家参与环境治理活动，已成为当今社会的一个普遍现象。但是，专家参与作为环境公私合作的一种类型，与前述的行政助手类型有别，而与委托行使环境公权力存在许多相似性。

就环境专家参与同环境行政助手比较而言，环境专家参与主要是利用其"智力资源"与环境行政机关合作，完成相关环境行政事务；而环境行政助手主要是利用社会组织或者社会公众的"人力资源"。因为"智力资源"和"人力资源"是两个不同的概念，因此，在公私合作环境治理类型中，环境专家参与同环境行政助手存在本质上的差异，属于不同类型。

环境专家参与同委托行使公权力存在一定的相似性，也就是说，无论是专家参与环境治理活动，还是行政机关委托相关社会组织或者社会机构行使环境公权力，都是希望能够借助专家或者社会机构的专业知识和专业技术，为环境行政机关的行政执法或行政决策等行为，提供科学依据，从而达到有效治理环境的目的，维护环境法律秩序。但是，环境专家参与往往不同于委托行使环境公权力行为，因为专家参与行为不会受到环境行政机关委托事项方面的限制，恰恰相反，行政机关不得干预专家独立形成的相关专业意见和建议，并且应当尊重专家给定的相关专业意见和建议。当然，这里需特别强调的是，环境行政机关在做出具体的环境行政立法决策或者行政执法行为时，并不一定需要采纳专家的意见和建议。此外，被委托行使环境公权力的社会组织或者社会机构，在从事委托行为时，必须以委托环境行政机关的名义进行，而与之不同的是，专家参与环境治理活动，必须是以其独立名义，运用其专业知识或者专业技术，为行政机关提供相关参考。

2015年1月7日起施行的《最高人民法院关于审理环境民事公益诉讼案件适用法律若干问题的解释》第15条规定，当事人可以申请有专门知识的人出庭，就鉴定人做出的鉴定意见或者就因果关系、生态环境修复等专门性问题提出意见，专家意见经过质证可以作为认定事实的根据。

尽管我们环境诉讼的专家证人制度，内涵方面仍存在一些不充实的地方，制度上有其内在的缺陷，尚不能构成完整意义上的专家证人制度，[①] 不能充分破解环境资源审判中的"技术难题"。[②] 但是，不可否认的是，环境资源审判属于"技术型诉讼"，侵害事实的查明、因果关系的认定以及生态环境的修复等问题都需要环境科学、生态学、生物学、环境毒理学、流行病学等专业的科技知识，因此，在我国环境民事诉讼和环境公益诉讼当中引入专家证人制度有其必要性和正当性，实践中更是得到了广泛的运用。例如，2015年山东高院公布中华环保联合会诉振华公司大气环境污染责任公益诉讼案，[③] 2018年江苏省高级人民法院公布的孙某某等22人非法捕捞螺蛳案，[④] 贵州省高级人民法院公布的遵义市峰之巅天然山泉水有限公司诉遵义桂冠风力发电有限公司环境污染责任纠纷案，[⑤] 这些典型案件中，都能看到专家证人在环境民事案件和

[①] 谢伟：《我国环境诉讼的专家证人制度构建》，《政治与法律》2016年第10期。

[②] 吴凯：《构建我国环境资源审判专家证人制度》，《人民法院报》2015年5月8日第5版。

[③] 案情简介：振华公司是位于德州市区内的一家玻璃产品制造企业。振华公司虽已投入资金建设脱硫除尘设施，但仍有两个烟囱长期向大气超标排放污染物，受到环保部门多次行政处罚。2015年3月25日，中华环保联合会向德州中院提起诉讼。德州市中级人民法院经审理认为，振华公司长期向大气超标排放污染物，其行为属具有损害社会公共利益重大风险的行为。法院审理过程中，主要参考了中华环保联合会提交的环保部环境风险与损害鉴定评估研究中心《评估鉴定意见》及专家辅助人意见，及时做出判决。

[④] 案情简介：2016年清明节前后正是洪泽湖封湖禁渔期间，孙某某组织韩某某、杨某某、孙某等21人在泗洪县陈圩乡辖区洪泽湖内多次非法捕捞螺蛳合计62083公斤。在案件审理阶段，孙某某等人为修复洪泽湖渔业资源环境已向法院缴纳生态修复资金25万余元，本案22名被告人均是洪泽湖当地渔民，归案后认罪态度较好。合议庭当庭宣判，22名被告人犯非法捕捞水产品罪，分别被判处有期徒刑一年十个月至六个月或拘役三个月十五天至三个月不等刑罚，其中孙某某被判处有期徒刑一年十个月。

[⑤] 案情简介：遵义市播州区峰之巅山泉水公司在特定地点收集地表水经加工包装成桶装饮用水用于销售。桂冠发电有限公司报批后在峰之巅泉水公司取水点集水区域内建设风力发电项目，在开发建设过程中，周边环境部分植被受到道路修建、场地施工等行为破坏，施工废水、工人营地生活废水未经防渗处理直排外环境。与此同时，峰之巅泉水公司生产销售的桶装饮用水产品经质检部门抽检发现大肠杆菌超标等问题，进而被市场监督管理部门责令停产整改。峰之巅泉水公司遂提起诉讼，要求停止侵害、消除危险、恢复原状、赔偿停产停业损失。本案中专家证人出庭作证，提供了关于地表性状及生态环境改变尤其是植被破坏及生活污水外排可能导致水质改变、菌落总数及大肠杆菌超标等方面的专家意见。

环境公益案件审理中发挥了重要作用。

二 公私合作环境治理之任务私化

环境任务私化，主要包含以下两个方面的内容：一方面，是指民间环境资源"内部化"为国家资源，另外，也可指环境保护任务在国家与私人责任之间做出一种重新调整与界定，将原本属于公行政任务的立法行为转移至相关私人，或者将部分的国家环境保护任务转变为私人的法律责任。另一方面，环境任务私化涉及"实质的国家任务私化"，是指通过法律将原本需要国家承担的环境保护任务转变为私人承担的法律义务，学界通常将之称为"私人义务的承担"。[①]

随着环境法治理念的发展，国家开始从原本承担的"环境保护义务"领域逐步退出，而仅保留担保责任或担保义务，以此作为保障私人履行环境义务的国家责任。以下从废物清理任务的私化以及环境保护专责人员制度为例进一步阐述。

（一）废弃物清理处置义务

废弃物的处理原本是地方各级政府法定的职权事项。然而，随着经济社会的快速发展，我国废弃物急剧增加，城市生活垃圾以及其他固体废弃物已经成为中国大多数城市面临的一项严峻的环境问题。根据《固体废物污染环境防治法》的立法精神，一方面该法明确确立了地方人民政府在固体废物处置"减量化""资源化"和"无害化"的法定主体责任；另一方面，该法也明确规定，国家对固体废物污染环境防治实行污染者依法负责的原则。由此，不难看出，在固体废物的清理处置方面，并非仅仅规定国家的环境保护义务，而是根据环境法原因者原则，同样强调了"产品的生产者、销售者、进口者、使用者对其产生的固体废物依法承担污染防治责任"。从未来中央和地方的固体废物防治立法看，我国城市生活垃圾分类处置和其他领域固体废物的处置，必将迈入固体废物治理的公私合作之基本模式。换言之，我国固体废物污染防治的立法，既强调污染者自负其责，也要明确政府应当承担的法定职责，特别是承担最终的国家担保责任。

---

① 王毓正：《论国家环境保护任务之私化》，《月旦法学杂志》2004年第1期。

根据我国环境行政法的相关理论，固体废物的清理处置义务问题主要涉及两个方面的法律关系：一是地方人民政府与固体废物污染者之间对废物清理处置责任的分担所形成的法律关系；二是地方人民政府原本承担的清理处置义务如何通过法律法规的规定转移至企业单位或者社会机构。

对于前者，我国现有立法根据固体废物的不同性质及来源的不同，建立了不同的废物清理处置法律义务体系，针对一般固体废物清理和处置的法律义务，立法分别明确了政府和单位、个人的不同环境法律义务，如第16条明确了产生固体废物的单位和个人的法定清理和处置义务。第三章规定主要是针对工业固体废物污染环境的防治，立法更加强调产生工业固体废物的单位的清理处置法律义务。

对于后者，我国现有的立法主要采取法律授权或者行政委托等方式，建立了废弃物清理处置义务的公私合作基本模式。也就是说，一方面，通过法律法规明确废弃物清理处置的地方政府、生产单位或者个人的法律义务，如我国《固体废物污染防治法》第4条、第5条和第10条等，分别明确了政府的法定职责，以及产品的生产者、销售者、进口者、使用者对其产生的固体废物的法定清理处置义务。在这里，对生产单位或者个人附加废物清理处置的法律义务，即体现了"国家环境任务私化"的趋势；另一方面，根据我国当前的固体废物管理体制的实际，特别是基于地方人民政府的相关职能部门可能存在相关专业知识和技术方面的缺陷，针对固体废物污染的检验检测，及其对固体废物的清扫、收集、贮存、运输和处置等，建立了行政委托制度和行政助手等制度。

（二）环境保护专责人员

环境保护专责人员，在学说上通常也被称为"环境保护受托人"①，是指依法设立于环境组织或者企业内部，承担环境保护的相关专业单位或者个人，其目的主要在于监督并协助具有环境污染性的单位内部进行自我监督，并且促使该单位确实遵守环境法律法规，以及达成预防环境损害等目的。② 陈慈阳教授认为，从宪法角度看，环境保护专责人员制

---

① 陈慈阳：《环境法总论》，中国政法大学出版社2003年版，第371页以下。
② 参见我国台湾地区"环境保护专责单位或人员设置及管理办法"第14条规定。

度，其目的在于要求公私场所设置一定的环境保护组织，来专门执行环境保护事务，从而有助于落实环境宪法精神。[①] 在我国台湾地区，环境保护专责人员制度的所谓的"法源"则主要包括："空气污染防治法"第33条、"水污染防治法"第21条以及"毒性化学物质管理法"第16条等规定。据此，环境保护专责人员类型也包括三种，即"空气污染防治专责人员""废水处理专责人员"和"毒性化学物质专业技术管理人员"。

我国台湾地区"环境基本法"第13条第2项规定，"事业应依据环境保护相关法规设置环境保护专责单位或人员，并订立环境保护计划实施之"。在我国，尚未有法律法规明确规定环境保护专责人员。但是，在我国生态环境保护的实践中，一些地方性法规有类似的规定，如《三江源国家公园条例（试行）》第20条规定"国家公园管理机构应当会同有关部门建立健全生态管护公益岗位制度，合理设置生态管护公益岗位，聘用国家公园内符合条件的居民为生态管护员。"笔者认为，"合理设置生态管护岗位"可理解为我国开始探索建立颇具地方特色的环境保护专责人员。例如，青海省在全国率先设置草原生态管护员公益性岗位，[②] 四川、黑龙江、吉林等省专门选聘森林管护员，专责管护森林、湿地等林业资源。此外，在我国西北地区，一些基层地方政府针对当地的草原、林业等设置了各类生态管护员，充分发挥公众在生态建设、森林管护、草原生态管护当中的主体作用。

从法治国原则审视，环境污染排放的监督、检测以及其他监督污染源应当严格遵守环境法律法规规定，明确环境行政主管机关法定任务。然而环境保护专责人员制度的设置，将特定污染生产单位或者生态区域内的环境保障责任转移专责人员，或者转化为一些生产单位或者主管机构内部的自我监督、自我检测等环境行为。因此，环境专责人员制度明显不同于前述的行政助手或者行政委托行为方式，环境主管部门并没有

---

① 陈慈阳：《合作原则之具体化——环境受托组织法制化之研究》，元照出版公司2006年版，第31页。

② 据相关资料统计，自2012年以来，截至2017年9月，青海省已经选聘42778名生态管护员。

放弃或者转移自我的环境保护责任,相反的是,国家环境主管部门具体针对生产单位内部或者基层的环境保护的微观监督管理方面的不足,可以通过明确的法律法规授权,设置合理的环境保护专责人员制度,以便弥补国家环境主管部门监管的遗漏,从而有效推动二者之间相互合作,更好地承担对生产单位和区域内的环境监管责任,形成环境治理的公私合作关系。

三 公私合作环境治理之程序再造

公私合作环境治理的程序再造,主要体现为四种类型:一是将原本国家主管机关应该承担的环境程序义务,转由私人自主承担法定程序义务,即"环境治理程序的私化";而第二、第三种类型的程序再造问题,分别归属于功能性的国家任务私化当中的"专家参与"与"委托行使公权力",因此其所涉及的相关法律问题的探讨基本上都可以互相比较参照。以下专门讨论第四种类型的公私合作环境治理程序,即国家对许可程序中部分审核程序不再负责,而是以特定专家或者专业机构的决定或者评审代替。例如,环境主管部门可以通过降低环境质量评价标准制度,促进可回收、低污染、能耗少的环境生产活动的开展。当然,这些生产活动进入正常的市场经济,必须首先由环境私人认证机构进行审核认证,而认证的必备条件,可能包括:生产厂商上一年度没有受过环境行政处罚、停工、停业、被撤销许可证,或者刑罚处罚等。在这里,环境私人认证机构所开列的证明文件,既不是基于法律直接的授权,也不是受到环境行政主管机关的委托行使公权力行为。仅仅是环境私人认证机构基于自身的专业知识和专业技术,抑或在环境治理的相关行业所享有的广泛声誉做出的认证活动。

另外,在外国立法例上,值得注意的是德国《环境基本法》。该法曾经明确规定,环境生产单位进行内部自我管理与检查,并由环境主管机关或者组织认可的话,在进行环境许可程序时,可以采取简易的程序予以审批。尽管这项制度主要着眼于利用经济诱因以加速环境审核程序,但是仍存在一些值得质疑的地方。当中最主要的批评在于,环境监督者的选任权在企业主自己手上,环境监管机构倘若有自身的商业利益,如迎合企业主的要求以期未来获取可能的利益或者委托。同样的疑问在环境治理的实践中并不少见。有鉴于此,如何通过超然地位的第三人团体以公正公平客观的立场从事审核认证工作,是从事公私合作环境治理行为,优化再造相关公私合作环境治理程序时,需要考量的基本要素。

第三节 典型考察：以社会源废弃物为例①

公私合作环境治理在实践中呈现多样性的特征,难以一一列举分析,基于此,本书针对社会源废弃物信息获取模式选择及其法律规制问题,研究分析公私合作以获取信息的功能和价值,通过典型个案考察,探究其基本实践样态与法治现状。

没有信息,行政机关便不能从事管理工业、保护环境等活动。② 在环境公共规制领域,信息作为一种规制工具得到了广泛的运用。与传统的规制工具相比,信息工具有其独特的功能优势。③ 但与此同时,信息规制也存在一些天然的劣势：信息难以获取、信息不对称、信息容易失真等问题制约着规制效果的发挥,这同样体现在社会源废弃物的信息规制问题上。近年来,全国各地连续发生了多起非法转移、倾倒危险废物的案例,如苏州太湖西山岛案、江苏太仓长江水域案（2016 年）,广西首例跨省大规模非法倾倒垃圾案（2017 年）,长江安徽段环境污染系列案（2018 年）等。④ 对此,可从两个层面剖析：宏观层面,根本原因是缺失专门针对社会源废弃物处理的立法规定,导致了治理的社会危机；微观层面,主要在于政府尚未全面、充分、准确地获取社会源废弃物产生与处置的有效信息,因而,无法采取针对性、预防性的法律规制措施,导致同类案件的频发。

上述案件的频发,进一步考问了我国现行的社会源废弃物风险规制

---

① 肖磊：《社会源废弃物信息获取的模式选择及其法律规制》,《中国地质大学学报》（社会科学版）2019 年第 2 期。

② ［美］欧内斯特·盖尔霍恩、罗纳德·M. 利文：《行政法与行政程序概要》,黄列译,中国社会科学出版社 1996 年版,第 76 页。

③ 应飞虎、涂永前：《公共规制中的信息工具》,《中国社会科学》2010 年第 4 期。

④ 寇江泽：《非法转移倾倒固废危废,多名责任人被问责》,《人民日报》2018 年 5 月 14 日第 15 版。

的体系,也客观地暴露出政府风险规制面临着信息获取的诸多难题。一方面,从风险预防的角度看,由于社会源废弃物具有信息来源的面源性、信息交流的不对称性和风险认知的模糊性等特征,[1] 导致信息获取的困境,而信息获取的不足增加了决策和执法的风险。另一方面,社会源废弃物对周边环境具有潜在的污染损害的复合性,即在环境污染损害方式、责任主体、损害客体和损害结果等方面具有复合性特征,这种污染损害的复合性增加了社会源废弃物治理的技术风险。最终,技术风险与决策执法风险的叠加,加剧了社会源废弃物信息规制的难度。

面对社会源废弃物信息规制的挑战,我们需要反思:影响社会源废弃物信息规制效果的症结到底在哪里?如何获取充足、真实、有效的信息,其法理依据是什么?如何建构政府、企业、私人等多主体合作的信息获取机制、信息安全保障机制和信息交流平台机制,有效防范潜在的规制决策风险?本书针对这些问题开展研究,以期探寻破解我国社会源废弃物信息规制难题的新路径。

一 政府信息披露模式:困境与症结

学界关于社会源废弃物的含义存在一定争议。[2] 本书认为,社会源废弃物是指从家庭生活、社会组织和公共服务行业、企业非生产过程产生的或使用后的固体废弃物和液体废弃物。社会源废弃物具有来源广泛、成分复杂、分散丢弃、种类繁多,不同种类对社会环境的危害程度不尽相同,部分危害具有一定的潜伏性和长期性等特点。因此,从风险预防的角度看,运用信息工具对社会源废弃物进行法律规制,必须针对社会源废弃物风险来源的面源性、风险防范的不对称性和风险认知的模糊性等特征,提出相应的规制措施和手段。然而,事与愿违,现有信息获取方式无法应对社会源废弃物信息面源性问题,信息安全机制缺乏加剧了社会源废弃物信息不对称性问题,信息交流平台缺位凸显了社会源废弃物信息不确定性

---

[1] [美]凯斯·R.孙斯坦:《风险与理性——安全、法律及环境》,师帅译,中国政法大学出版社 2005 年版,第 34 页。

[2] 斜晓东、赵文萍:《社会源废弃物的损害复合性及其法律控制研究》,《湖南师范大学社会科学学报》2017 年第 6 期。

问题。以下针对社会源废弃物信息获取的困境及其症结展开讨论。

(一) 现有信息获取方式无法应对社会源废弃物信息面源性问题

对社会源废弃物进行法律规制，显然需要获取广泛、真实、有效的信息，这些信息不仅涉及废弃物的产生、使用、回收、贮存、运输与处置等全生命周期过程，而且关系生产者、消费者、回收者、利用者、处置者等多个利益方，信息获取涉及主体众多，且各个主体之间呈现关系分散、易于变动的特征。同时，社会源废弃物的种类繁多，如常见的就有电子废弃物、废旧电器（电冰箱、洗衣机、热水器等）、废旧节能灯以及汽车修理厂的废弃物（废机油、废电瓶、废漆渣、废油棉纱等）等。这些决定了社会源废弃物规制必需的信息具有来源广、类型复杂、量大、分散等特点，[①] 即信息来源的面源性特点。

目前，我国环境信息公开义务包括政府信息强制公开义务和企业信息强制申报登记义务，这些义务的履行主要采取强制披露的方式，这在我国环境法律中有明确规定。如《环境保护法》第 54 条明确规定了公民获取环境信息的权利，并规定了各级环境保护主管部门应当依法公开环境信息的义务。第 55 条规定进一步明确重点排污单位的环境信息公开义务，即应当如实向社会公开其主要污染物的名称、排放方式、排放浓度和总量、超标排放情况，以及防治污染设施的建设和运行情况，接受社会监督。此外，我国《固体废物污染环境防治法》《大气污染防治法》《清洁生产促进法》《政府信息公开条例》《企业事业单位环境信息公开办法》《环境影响评价公众参与暂行办法》《国家重点监控企业自行监测及信息公开办法（试行）》以及《关于企业环境信息公开的公告》等法律法规规章及其他规范性文件也有部分关于政府和企业环境信息强制披露的规定。

简要梳理现行立法的有关信息获取的主要措施可知，我国法律法规规章对固体（液体）废物的信息获取措施主要包括登记制度、名录制度和集中登记制度等（具体见表 4-1）。显然，登记和名录制度作为一种强制性的行政措施，是政府强制要求企业披露信息的基本方式，其实施主体是政府和各级管理部门。

---

① 刘光富：《你不知道的社会源危险废物（社会源危险废物危害生态环境系列）》，《浦东日报》2016 年 9 月 9 日第 11 版。

表 4-1　　我国固体（液体）废物主要类型、信息公开
　　　　　措施及相关法律法规依据

类型	措施	法律法规依据
工业固体废物	登记制度	《固体废物污染环境防治法》第 32 条
危险废物	名录制度	《固体废物污染环境防治法》第 51 条 《国家危险废物名录》
医疗废物	集中登记	《医疗废物管理条例》第 12 条

废弃物污染防治立法规定企业和政府环境信息公开的方式都是强制性的，核心信息需要政府依职权进行调查搜集获取。但在实际环境执法过程中，因为执法力量有限，执法成本偏高、执法频率低，大大制约了政府披露信息的数量与种类。事实表明：这种以强制或集中登记为基本的信息披露方式，政府信息获取能力较为孱弱，无法有效应对社会源废弃物面源性问题，强制披露信息成效不彰。

与我国政府强制企业披露信息不同的是，美国、欧盟等主要采取依靠市场竞争机制主导的信息获取方式。美国环保署较早将信息手段引入环境治理领域，形成了著名的有毒物质排放目录制度（Toxics Release Inventory，TRI）。[1] 该项制度针对有害化学污染物排放控制以及重大化学事故的防范，率先运用信息工具，并取得"意外的"成功。[2] 在此基础之上，欧盟形成了企业环境信息强制公开制度，即污染物排放与转移登记制度（PRTR），也取得了非常好的实效。

有学者认为，美国环境信息披露 TRI 机制取得成功有两大前提条件：一是市场竞争机制，促使企业形成自我规制的内在机制；二是来自环保团体和其他公众的外部压力。[3] 市场竞争机制促使企业主动、自愿提供企业的环境信息，而环保团队等民间组织的监督保障了企业自愿披露信息的有效性。这些信息扩充了政府强制披露信息的数量和种类，实现了对分散来源的大量信息的有效获取，据此可以改善政府的信息规制

---

[1] 谭冰霖：《环境规制的反身法路向》，《中外法学》2016 年第 6 期。
[2] 李爱年、刘爱良：《美国有毒化学物质排放清单制度及其对我国的启示》，2011 年中国法学会环境资源法学研究会年会，桂林，2011 年 8 月，第 4 页。
[3] 金自宁：《作为风险规制工具的信息交流——以环境行政中 TRI 为例》，《中外法学》2010 年第 3 期。

能力和效果。从我国的实践来看，尽管已经采取了强制政府和企业公开环境信息的多种措施，但是政府强制披露信息的能力有限，披露的环境信息数量和种类偏少，影响规制效果。比如，社会源废弃物主要来源于公民的社会生活和企业事业单位的非生产性活动，相较于工业危险废物、医疗废物，我国普通公众甚至环保专业人士对社会源废弃物的环境危害性认识并不深刻。

（二）信息安全机制缺乏加剧了社会源废弃物信息不对称性问题

社会源废弃物信息交流的不对称性，根源在于从其产生、使用、贮存到处理、处置等全过程中信息链上各利益相关方对环境信息的占有不均匀。而占有不均匀的根本原因在于缺乏不同利益主体之间的信息公开与分享平台。比如，某种废弃物是否存在安全隐患，是否会危及消费者的身体健康和社会环境，生产企业显然比作为规制者的政府更加清楚。同样，政府通过行政手段搜集掌握社会源废弃物的污染信息，显然比公众更了解当地的污染状况，以及废弃物可能造成的不可恢复的环境损害。而社会源废弃物产生与处置过程中不同利益主体之间缺乏信息公开与分享的原因还在于，只有政府和重点企业被强制披露的环境信息，一般企业和私人可能因为安全问题未主动提供相关信息。在政府、企业和私人之间，因为缺乏互相信任，较为容易导致信息不对称问题，由此，信息不足问题进一步凸显。

目前，社会源废弃物规制所需的大多数信息来自政府强制企业披露的信息，很少部分来自个人及企业自愿提交的材料、公民的举报申诉、机关工作人员或调研人员搜集的信息。值得注意的是，一些必不可少的信息可能仅仅掌握在企业或其他私人当事人那里，但他们可能并不愿意把信息透露给政府。由此，产生了政府与公众隐私权的冲突与协调问题。显然，政府与公众隐私权冲突的根本原因在于公众担忧行政权力对个人资料信息进行滥用，这些担忧并不是空穴来风，现实就有政府滥用信息的案例，比如，英政府曾意图管控网络被质疑可能致使权力滥用。[①] 由于担忧政府可能滥用信息，使得受调控的个人和公司抵制披露信息，拒绝自愿提供相

---

① 王新雷、王玥：《网络监控法之现代化与中国进路》，《西安交通大学学报》（社会科学版）2017年第2期。

关信息。这种抵制行为是一种用以避免不必要的调控或拖延有关调控的有效方法，即使行政机关最终成功地迫使被管理方透露信息，但恐怕与行政机关预期的目标大相径庭，以至于获得的数据变得毫无用处或毫不相干。

社会源废弃物规制所需的大量信息来源于极其分散的一般企业和社会公众，这其中，包含政府不得不获取的私人敏感信息。比如，在废旧节能灯的有效回收和处置过程中，政府或生产企业需要获取购买者的一些敏感信息，如手机号码、家庭住址等，从而合理配置废物回收点或推送相关的回收点信息。这种情况下，如果缺乏有效的信息安全机制，从源头保证安全、可靠的获取私人的敏感信息，必将引发政府信息利用与公众个人隐私权保护之间的冲突。在美国，个人隐私和免受政府干扰的自由，被视为是自由的根本要素，这些权利受到美国宪法第四条修正案的禁止无理搜查，以及第五条修正案的禁止强迫自证其罪的保障。

此外，行政机关希望获得的一些数据还可能具有某种商业价值，如贸易秘密、商业机密等。由于缺乏信息安全机制，企业或许害怕信息会从行政机关的档案里"泄露"给他们的竞争对手。事实上，从经济学角度分析，在许多情况下，信息生产、搜集等行为需要付出成本，这也是企业拒绝自愿提供信息的一个重要因素。美国联邦贸易委员会曾命令大型制造企业按产品种类或行业提供详细的财物信息。许多公司反对这一要求，因为一开始他们并没有按照行政机关要求的种类划分和保留记录。倘若按要求的话，公司要花费巨额开销才可能从已有的业务记录中找出需要的数据。因此，这些公司通过法院提起诉讼，维护自身合法权益。[①]

（三）信息交流平台缺位凸显了社会源废弃物信息不确定性问题

与社会源废弃物信息交流的不对称性问题不同，社会源废弃物风险认知的模糊性指在同样信息条件下，人们对社会源废弃物存在风险不同

---

① 联邦贸易委员会行业报告的诉讼，载于《联邦判例汇编》第二辑，第595卷，第685页（哥伦比亚巡回法庭，1978），调取案卷复审的令状被拒绝；《美国最高法院判例汇编》第439卷，第958页（1978）。

的解释和理解。① 例如，即使面对同样的某种社会源废弃物组成成分的测量结果，政府和社会公众对其潜在危害性的可能存在认知偏差。有学者认为，认知的模糊性产生的根本原因是其产生与处理过程中不同主体的专业知识、以往经验以及所处的社会地位等不同造成的。② 因为认知的模糊性造成不同主体对客观存在的社会源废弃物风险的评估结果存在不一致，造成各主体强制披露或自愿提供的社会源废弃物信息的不对称和不确定。信息的不确定性直接制约社会源废弃物规制决策的效力。通过构建交流信息平台，不仅可以实现不同主体之间信息双向交流，改善信息的不确定性问题。同时，信息交流平台能够将分散的"面源"信息集中化，实现对海量的社会源废弃物产生与处置数据搜集，通过大数据与云计算技术应用，结合专业人士的分析，将不确定的行为和风险信息确定化，实现风险预警与控制。

社会源废弃物风险规制的信息来源于政府、企业和公众等多个利益方，且涵盖社会源废弃物处理的全生命周期过程，即使企业、公众的信息能够获取，如果处于割裂状态，也无法实现社会源废弃物产生与处理过程的责任清晰界定，制约信息规制效力的发挥。比如，对于汽车整车维修企业（以下简称汽修企业）产生的危险废弃物（废机油、废电瓶、废漆渣、废油棉纱等），目前我国政府主要针对一、二类汽修企业进行监管。③ 这种情况下，即使政府能够有效获取汽修企业收集、贮存废机油、废电瓶等相关信息，如果缺乏相关专业环保公司的运输和处置信息，即两者之间信息不能有效衔接，一旦发生环境污染问题，很难追踪问题产生的源头，无法清晰界定各主体的责任，从而影响法律规制的效果。

通过大数据、物联网、互联网和云计算等技术，搭建贯穿社会源废弃物产生与处理全过程的信息集成、信息公开分享平台，能够实现处

---

① March, James G., Olsen J. P., *Ambiguity and Choice in Organizations*, Bergen: Universitetsforlaget, 1979, p. 231.

② 周雪光、练宏：《政府内部上下级部门间谈判的一个分析模型——以环境政策实施为例》，《中国社会科学》2011 年第 5 期。

③ 我国《汽车维修业开业条件》（GB/T16739），针对汽车整车维修企业（一类、二类）第 7 点提出"环境保护条件"要求。

的全生命周期过程的透明、可控,通过各司其职,将社会源废弃物的危害风险降到最低。目前,有关信息交流平台的典型实践案例是日本的 PRTR 制度,[①] 该制度基本参照了美国 TRI 的制度模式,由环境省与经济产业省联合负责实施工作。企业经营者、政府主管部门、社会公众是 PRTR 申报链条上的三个主体,各自发挥着不同的作用。企业经营者首先对生产使用的特定化学物质的释放与转移数量进行估算,提交至所在都道府县的地方主管部门,汇集的区域数据再提交至相应的中央政府主管部门,由其将全国的数据进行汇总分析,向社会公众公开。日本 PRTR 制度不仅是一项有效的化学品环境管理工具,而且在政府、企业经营者和公众之间建立起一个风险沟通的平台,共同对有毒有害化学物质环境污染进行有效管控。

二 两种信息获取模式:比较与选择

运用行政手段对社会源废弃物的信息获取进行干预,是现代政府干预社会公共事务,履行生产或者搜集环境信息义务的具体体现。通常政府信息获取的手段具有强制性,主要采取强制披露和强制登记等方式,因此,本书将之归纳为"职权探知主义模式"。[②] 但是,这种基于政府公权力的信息获取模式,存在单向性、强制性等天然缺陷,与社会源废弃物信息分布的面源性、不对称性以及不确定性等特征存在诸多方面的不匹配。加之,该模式可能存在执法成本偏高、容易侵害相对人隐私权等合法权益的缺陷,因此,日益受到学界的批评。在此背景下,一种以自愿提供信息为特征的原因者主义信息获取模式受到关注。

(一)职权探知主义模式

在传统的大陆行政法中,信息的获取原则上乃是以行政责任的形式出现的,这被称为职权探知主义(der Untersuchungsgrundsatz)。德国被

[①] 于相毅、毛岩、孙锦业:《美日欧 PRTR 制度比较研究及对我国的启示》,《环境科学与技术》2015 年第 2 期。

[②] 在德国,行政机关依职权获取私人信息的法律规定,主要通过《联邦行政程序法》第 24 条调查原则以及第 26 条证据规则两条一般性规范予以规定,该法较早确立了政府获取信息的"职权探知主义模式"。具体参见 [德] 迪尔克·埃勒斯《德国行政程序法法典化的发展》,展鹏贺译,《行政法学研究》2016 年第 5 期。

认为是职权探知主义的典型代表，德国《联邦行政程序法》第 24 条第 1 款规定：行政机关依职权调查事实。依此，职权探知主义是指行政机关决定调查的方式及范围，不受参与人提供的证明以及证明要求的限制，即职权探知主义是一种为了实现"公共利益"最大化，行政机关依职权主动搜集事实和调取证据的规制模式。从本质上而言，信息获取的职权探知主义是一种"公权主义"或者"职权调查主义"。

环境信息获取的职权探知主义模式是传统的警察行政理念在环境规制领域的体现，也是家长主义的规制模式在环境法中具体运用。曾几何时，因为市场竞争机制失灵，私人和企业自愿提供信息动力不足，需要政府采取强制信息披露方式搜集信息。① 环境职权探知主义模式在解决市场失灵，保障政府履行环境信息公开义务方面发挥着重要作用。职权探知主义模式在环境规制领域的应用就是政府通过立法或者制定条例等要求企业公开披露其产品的环境信息，为公众监督提供平台。典型做法包括美国《资源保护及恢复法案》、德国《环境信息公开法》、我国《固体废物污染环境防治法》以及各省市的固体废物污染环境防治条例等。

1976 年美国政府颁布了《资源保护及恢复法案》（*The Resource Conservation and Recovery Act*，RCRA）。该法案针对废弃物的数据搜集做出相关规定，体现出一种职权探知主义的政府规制模式。根据该方案的规定，废弃物的相关数据的搜集由各州政府各自负责，并强制要求企业对废弃物数量做两年一次的报告。1994 年 7 月 8 日颁布的德国《环境信息公开法》（*Umweltinformationsgesetz*）旨在为行政机关所掌握的环境信息的自由获取和信息的传播、信息的利用，保障相应的基本条件。该法律重点对公民的环境信息请求权进行了规定，明确规定行政机关有义务履行环境信息的公开的义务。② 德国《环境信息公开法》从保障公民的环境信息请求权的角度出发，明确了政府应采取职权调查等方式搜集包括文件、图表或者其他信息媒体上的所有环境数据或者环境信息，并向公民公开。

---

① 金自宁：《作为风险规制工具的信息交流——以环境行政中 TRI 为例》，《中外法学》2010 年第 3 期。

② 沈红军：《德国环境信息公开与共享》，《世界环境》2009 年第 6 期。

我国对固体废物（包括社会源废弃物）的信息获取也广泛采取和应用职权探知主义，《固体废物污染环境防治法》明确规定：产生危险废物的单位，必须按照国家有关规定制定危险废物管理计划，并向所在地县级以上地方人民政府环境保护行政主管部门申报危险废物的种类、产生量、流向、贮存、处置等有关资料。此外，一些地方性法规也采取了类似的规定，如《浙江省固体废物污染环境防治条例》规定：环境保护行政主管部门应当加强固体废物排放数量、污染情况及处置等信息的搜集整理工作，定期发布固体废物的种类、产生量、处置状况等信息，逐步建立和完善信息查询系统，为公众查询和获取有关信息提供方便和服务。

职权探知主义规制模式在社会源废弃物规制实践中有大量运用。如汽车修理废弃物的公共规制中，政府主要是针对一、二类汽修企业的监管，并通过执法监督搜集信息。此外，职权探知主义规制模式的最大特点在于通过立法和运用行政等手段强制相关方以及企业披露其生产环境信息，如美国的废弃物名录、德国的环境状况报告等。但是，对于社会源废弃物的规制而言，强制披露信息基本是单向的，在社会源废弃物产生与处置全生命周期过程中，较为忽视不同主体之间的交流和互动，难以保证信息的真实和有效。此外，由于依靠强制披露的手段，搜集信息量极为有限，即使大数据技术已经相对很熟，也很难分析预测社会源废弃物的潜在风险、发展趋势，因此无法为社会源废弃物科学的规制决策提供依据。

（二）原因者主义模式

通过职权探知主义获取信息，进行环境规制取得了一定的效果。但是伴随现代行政的转型发展，以及信息科技日新月异的发展，单纯依赖"命令—服从"的强制披露信息手段，显然不符合环境规制的需要，也不符合环境法治发展的新方向。基于此，近年来，环境法学界顺势而为，积极推动信息规制改革，信息获取发生了两点变化：一是所谓要求造成环境破坏的私人提供信息的原因者主义(das Verursacherprinzip)在环境法领域已经成为非常普遍的原则；另一个则是重视私人的自我管理，即要求私人而不是行政机关监督并提供信息制度逐步普及。①

---

① ［日］大桥洋一：《行政法学的结构性变革》，吕艳滨译，中国人民大学出版社2008年版，第11页。

就现行的社会源废弃物规制体系而言，法律强制要求提供信息的主体主要包括政府和重点监管企业，但是随着研究的深入发展和规制实践的需要，人们越发意识到：社会源废弃物的法律治理是一项系统工程，是一个牵连全社会、人人有责的治理工程。因此，社会源废弃物信息提供的责任主体不仅包括政府和重点监管企业，还应包括广大的可能造成环境破坏的中小企业和私人主体。特别是，随着计算机、互联网、物联网等信息技术的成熟与发展，从社会源废弃物的产生与处置等各个环节搜集"面源"信息不仅变得可能而且可行。通过企业和私人主体披露的海量信息，完全可以实现社会源废弃物全生命周期过程的数据获取，构建起社会源废弃物的"大数据"信息库。进而利用大数据分析技术，如运用数据挖掘、云计算等对这些数据进行快速处理和分析，形成智力资源和知识服务能力，为社会源废弃物的产生、使用、运输、贮存、回收与处置等，以及环境危害的信息追踪、环境执法资源配置、环境风险预警等科学决策提供依据。

此外，从整体性环境责任的角度分析，私人自愿提供信息是现代行政公私合作理念在环境法中的体现。在合作国家理念促使下，[①] 私部门已不再仅是国家公权力行使之对象而已，其作为行政任务协力执行者之可能性，亦日益宽广。[②] 企业和个人自愿提供信息的本质，是公民进行自我管理和主动承担环境治理责任的体现，有利于公益和私益的衡平，有益于社会源废弃物法律治理公共利益的最大化。因此，公私合作是自愿提供信息的原因者主义的基本法理依据，也是企业和公众承担社会责任的体现。对于社会源废弃物而言，面源性特征要求私人参与环境信息的提供，主动提供社会源废弃物的利用、处置等信息，形成社会源废弃物的"大数据"。政府通过有效的信息处理工具，获得区域社会源废弃物类型、成分、数量等信息，为科学的规制决策和环境资源的优化配置提供依据。

（三）两种模式的互补性关系与联合使用

从法律实施的角度分析，职权探知主义和原因者主义具有各自内在

---

① 张桐锐：《合作国家》，载《当代公法新论（中）——翁岳生教授七秩诞辰祝寿论文集》，元照出版有限公司2002年版，第578页。

② 詹镇荣：《公私协力与行政合作法》，新学林出版股份有限公司2016年版，第5页。

的缺陷，影响它们的规制实施效果。就职权探知主义而言，其信息规制存在如下缺点：（1）政府可能有搜集更多信息的雄心壮志，但往往会受到执法力量和执法成本的掣肘，最终导致有始无终；（2）政府过于偏重家长制的作风搜集信息，容易扼制企业的创造性和能动性，且可能侵害私人主体信息自决权；①（3）政府惯常采取强制登记等单一信息获取手段，忽视不同企业的差异化实际，难以取得预期效果。而原因者主义内在的缺陷，则主要表现为：（1）企业和私人主要依赖市场竞争机制提供信息，因而在市场失灵之处或者处于市场垄断地位时，自愿提供信息缺乏动力；（2）信息天然具有公共物品的特征，但是企业和私人提供信息并非免费，其生产需要有成本，因此，人人希望在不付出信息搜索和加工费的情况下分享他人的信息；（3）尽管信息提供主体众多，信息来源广泛，信息搜集机制灵活，但存在一个无法规避的致命缺陷是虚假或误导性信息泛滥的问题。②

职权探知主义和原因者主义在法律实施方面虽然都存在内在的缺陷，但是两者的优势却存在一定的互补性关系，理由如下：（1）职权探知主义受制于执法力量和执法成本，而原因者主义则仅需付出极少成本，就能通过企业和私人履行信息义务和自愿性提供方式获取信息，从而弥补职权探知主义信息获取的不足；（2）相较于政府在获取信息时的家长制作风，原因者主义则集中体现为一种平等、自愿、自治的信息获取原则；（3）提供信息等公共物品是现代政府的法定职责之一。在市场失灵之处或者企业处于市场垄断地位时，政府依职权获取信息的行为，可有效弥补原因者主义的内在缺陷。不难看出，对社会源废弃物的信息规制，职权探知主义和原因者主义两种信息获取的模式具有功能方面的互补性。因此，联合使用这两种信息搜集的法律范式，既是现代行政规制模式的转型发展必然，也是赋予公众参与社会源废弃物治理的基本程序性权益的重要体现。

---

① 姚岳绒：《论信息自决权作为一项基本权利在我国的证成》，《政治与法律》2012年第4期。

② [英] 安东尼·奥格斯：《规制：法律形式与经济学理论》，骆梅英译，中国人民大学出版社2008年版，第147页。

目前，我国社会源废弃物的信息获取主要采取职权探知主义模式，即政府采取登记或者强制披露等方式搜集信息，为环境监控和风险防范提供依据。原因者主义要求企业与私人履行信息义务或者自愿提供信息，并运用大数据分析技术，为政府规制社会源废弃物提供风险预警决策依据。如表4-2所示，职权探知主义和原因者主义在信息获取的实施主体、实施机制、实施效果以及法理依据等方面存在不同，但是二者之间的差异并不说明它们相互排斥。实践反复证明：在合作治理理念成为法律规制的必然需求和总体趋势背景下，联合使用职权探知主义和原因者主义对社会源废弃物进行信息规制，有利于两种模式实现优势互补。

表4-2　　　　　　职权探知主义和原因者主义之比较

信息获取模式	实施主体	实施机制	实施效果	法理依据
职权探知主义	政府	政府搜集	命令服从	服务行政
原因者主义	企业、个人	私人提供	平等自治	公私合作

具体而言，根据职权探知主义和原因者主义的适用性，可建立我国社会源废弃物分层分类的信息获取体系。基于社会源废弃物的来源广泛、涉及种类繁多、危害程度不一等特征，在建构信息体系时，应明确区分废弃物种类、物理属性、危害程度、风险等级以及可能造成的危害后果等要素，有针对性地采取不同信息获取模式。换言之，针对不同类型的社会源废弃物，需要联合使用职权探知主义和原因者主义模式，并灵活结合其他相关的信息工具，以达到法律规制最优效果。

三　信息获取综合模式：合作模式

针对当前社会源废弃物信息规制中存在的信息获取难题，结合企业公众自愿提供信息的法理依据，实现社会源废弃物信息规制的路径是联合使用政府强制信息披露与公众自愿提供信息的综合模式或双轨路径。具体包括信息获取的多元主体合作机制、信息安全的全过程保障机制以及一体化的信息交流平台搭建。

（一）信息获取的多元主体合作机制

尽管信息提供的成本昂贵，或者获取的信息无效，甚至起反作用，但不可否认的是，缺乏必要、充分的信息，将无法顺利通过协商程序和决策机制，有效开展社会源废弃物的法律治理。何况，在现代社会，运用大数据技术对社会源废弃物进行规制，所利用的是海量的数据信息，所追求的目标是"全本"而非"样本"数据。[1] 因此，对社会源废弃物的法律规制，需要广纳信息，建构多元化的信息获取机制。本书认为，可从以下方面建构信息获取的多元主体合作机制。

首先是信息获取的手段多元。既有行政手段，也有市场手段。行政手段仍然是社会源废弃物信息获取的主要来源，这基于两方面的原因：（1）在社会源废弃物管理中，市场失灵之处或者企业处于市场垄断地位时，政府依职权调查搜集信息，是有效弥补原因者主义的内在缺陷主要途径。（2）社会源废弃物的制造主体通常很少有提供废弃物产生特别是危险废弃物的信息的动力。因此，还必须积极运用市场化手段，将之作为行政手段的有益补充。对市场主体而言，市场声誉的好坏会直接影响到其获取交易机会的概率，市场竞争压力将会为社会源废弃物的生产商、处置回收企业自愿披露其信息创造可行的动力。

其次是信息提供的主体多元。即包括政府，企业以及个人。这三者主体在信息规制中扮演着不同的角色。生产者企业有义务及时披露有关社会源废弃物成分、危害性等信息；个人需要自愿、积极分享有关社会源废弃物使用、处理、收集等信息，为社会源废弃物的回收与处置提供信息；而政府则需要构建信息交流平台，为企业信息公开，个人信息的交流和分享等提供平台，并且依据这些信息进行预防性决策，降低规制决策的风险。

最后是多阶段的信息获取问题。全过程的信息获取问题，既有社会源废弃物产生的源头信息，也包括运输和处置回收等过程性信息。要实现社会源废弃物从生产、贮存、消费、运输、使用、回收利用和填埋处置等多个阶段的信息获取。

为保障多元化的信息获取机制能够得以顺利施行，还需完善这样两

---

[1] ［美］维克托·迈尔—舍恩伯格等：《大数据时代：生活、工作与思维的大变革》，周涛等译，浙江人民出版社2013年版，第29页。

方面的配套性制度措施：一是完善提供信息的激励和惩罚制度。设置环境规制的激励制度，①针对提供信息的企业和私人采取激励措施，如美国 IBM 公司有偿地从个人和小企业回收任何品牌的计算机，从而鼓励消费者必须将自己的计算机包装好送往指定回收公司。②当然，信息的获取机制还应包括惩罚制度，即对不履行信息公开义务的企业和个人进行惩罚。二是建立自愿提供和强制披露信息的有效衔接制度。确立以强制披露为主、自愿提供为辅的社会源废弃物信息获取原则，同时，在强调合法性原则的基础上，确立强制披露信息的比例原则，以最少损害、最低限度搜集信息。此外，由于社会源废弃物种类繁多，对其信息披露需要区分不同类型。一般而言，社会源危险废弃物可以参照 TRI 机制，通过市场竞争机制以及环保团体与公众压力等促使企业对其相关产品的环境危害信息进行公开披露。

（二）信息安全的全过程保障机制

控制理论是主导信息安全保护立法的基础理论。基于控制理论衍生出的"公平信息行为准则"（Fair Information Practice Principles, FIPP）理论，③构建社会源废弃物信息安全的全过程保障机制。目前，主要包括如下具体制度：

首先，建立基于社会源废弃物风险评估的信息安全等级保护制度。社会源废弃物的危害风险程度越高，则要求信息越真实，对信息安全性要求越高。针对不同种类、来源的社会源废弃物进行分层分类，对其进行风险评估，区分不同等级，提出针对性的信息安全保护措施。值得借鉴的是欧盟《化学品注册、评估及许可法规》（REACH 法规）。该条例规定，除了例外情形，在欧盟生产的材料都要通过特定的程序向欧洲化学品管理局登记注册，同时提交关于该化学品尤其是其存在的潜在风险的卷宗，该卷宗在全欧洲都可以被使用。欧洲化学品管理局对卷宗中包

---

① 马允：《美国环境规制中的命令、激励与重构》，《中国行政管理》2017 年第 4 期。

② Long E., Kokke S., Lundie D., "Technical Solutions to Improve Global Sustainable Management of Waste Electrical and Electronic Equipment (WEEE) in the EU and China", *Journal of Remanufacturing*, Vol. 6, No. 1, 2016, p. 1.

③ 孙清白、王建文：《大数据时代个人信息"公共性"的法律逻辑与法律规制》，《行政法学研究》2018 年第 3 期。

含的信息进行评估,并且对化学物质进行危险等级分类。①

其次,明确社会源废弃物信息安全角色和职责。主要是针对信息安全组织中的个体在信息安全工作中扮演的各种角色进行定义、划分和明确职责。在搜集个人信息前必须先披露搜集的目的,个人信息的后续利用必须与目的相符。同时,采取合理安全措施保护个人信息免于泄露、破坏、使用和修改等风险,控制个人信息搜集和处理的主体有责任采取措施确保前述规则的实施,否则,应当承担相应责任。工信部李海英研究员则认为:信息保护立法不仅应明确网络服务者隐私保护的责任、对个人信息利用的边界、违法犯罪信息追查中的责任与责任限制,也应规范用户的网络行为、提升个人信息安全意识。②

再次,建立社会源废弃物信息安全合作与沟通机制。与上级监管部门、同级兄弟单位、本单位内部、供应商、安全业界专家等各方保持沟通与合作。遵循信息最小化原则,即个人信息搜集及利用应以实现特定目的的最小必要为限;实施披露和使用限定,除非基于当事人同意或有法定理由,个人信息不能被任意披露或用于其他目的;保证信息质量原则,搜集的个人信息应当准确、完整和最新;保障个人参与原则,信息主体拥有搜集个人信息的知情权、获取该信息权、要求修改权等;明确信息获取的透明度原则,个人信息的搜集者和处理者应当告知社会公众隐私政策和安全保障措施。

最后,建设和完善社会源废弃物信息安全监控体系。在信息安全监控体系中,特别注意对社会源废弃物的信息披露和使用限定的监控制度。除非基于当事人同意或有法定理由,个人信息不能被任意披露或用于其他目的。

(三) 一体化信息交流平台的搭建

搭建一体化信息交流平台可实现社会源废弃物从产生、使用、贮存运输到回收利用等全过程获取的信息的集中分类管理和处置,实现企

---

① [德] 英格沃·埃布森:《通过规制实现健康保护——范围、方法和程序概览》,喻文光译,《行政法学研究》2015年第4期。

② 参见马民虎、张敏《信息安全与网络社会法律治理:空间、战略、权利、能力——第五届中国信息安全法律大会会议综述》,《西安交通大学学报》(社会科学版) 2015年第2期。

业、个人与政府之间，企业与个人之间信息的双向交流与共享互动，可以对获取信息的真伪性进行甄别，保证信息的真实、有效，同时实现信息的对称。利用社会源废弃物的信息交流平台的充足、真实、有效的信息，借助大数据技术对数据信息进行采集、整理、分析、应用，能够更加精准地预测和应对社会源废弃物的风险等级以及与之相关的环境资源（如环保公司或环境资源回收利用公司）的配置等各种挑战。

搭建信息交流平台，获取海量的社会源废弃物产生、转移、利用、处置等信息，运用大数据分析技术挖掘有价值信息为政府决策提供依据。比如，某地区的政府可以通过搜集城镇化发展过程中社会源废弃物的产生与处置信息，进而根据废弃物的增长速度，合理配置废弃物处理资源（如建设垃圾焚烧厂、填埋场），实现社会源废弃物产生与处理能力的有效匹配。对于跨区域转移问题，则可以在跨区域政府之间，对社会源废弃物的信息运用大数据进行准确的统计分析，分享处置信息，建立一体化的社会源废弃物的转移和交易机制（跨区域之间的专业废弃物的处置信息的分享问题），实现社会源废弃物资源的有效、合理配置。

此外，社会源废弃物全过程信息的获取与交流也能够清晰地界定社会源废弃物产生与处置过程中各方的责任分工和合作，实现对社会源废弃物产生与处置过程中生产者、消费者、环境和资源公司、地方政府、中央政府等各责任主体的环境责任进行跟踪，提高法律规制的效力。社会源废弃物的"大数据"信息库，既有私人代表的利益方即消费者等提供的客观信息数据，也有企业提供的社会源废弃物产生与处置信息，这不仅能够实现信息的双向互动，也增加了相对人参与行政规制的过程，个人通过信息公开途径监督行政机关和企业。

对于社会源废弃物一体化信息平台的构建，从技术角度来讲是完全可行的。因而，建构的关键就在于提升政府系统全局控制意识，即运用信息规制手段实现"公共利益最大化"，有效缓解社会源废弃物信息链复杂性以及传统信息量少的问题（信息披露不足）。同时，基于大数据的预测性分析，通过政府主导的社会源废弃物一体化信息交流平台的搭架和利用，发挥信息工具的风险预警作用，实现社会源废弃物处理资源的优化配置以及风险的提前预警。

1962年出版的《沉寂的春天》，用令人难忘的语言，使人们开始关注农药和杀虫剂存在的风险,引发美国社会对社会源废弃物和危险废弃物的关注。[①]之后,美国制定诸如 TRI 机制、《紧急计划和社团知情权法》《综合环境反应补偿与责任法》等进行社会源废弃物的法律规制和风险控制。就我国而言,当前社会源废弃物污染防治形势严峻,非法转移、倾倒危险废物案例时有发生,污染防控风险隐患多,给环境带来的问题愈演愈烈。[②]面对新形势、新问题,传统信息获取的职权探知主义模式,显然无法满足对社会源废弃物进行法律规制的新需要。因此,完善社会源废弃物的信息规制体系,必须充分发挥职权探知主义和原因者主义两种信息获取模式的互补优势。联合使用两种信息获取的规制模式,既是现代行政法治范式的转型发展必然,也是赋予公众参与社会源废弃物法律治理,保障其程序性权益的重要体现。

随着互联网、物联网、人工智能等技术的广泛运用,在大数据技术的支撑下,完全可以构建政府强制披露信息与企业、私人提供信息的综合模式或双轨路径,并通过构建和完善信息获取的多元主体合作机制、信息安全的全过程保障机制以及一体化的信息交流平台,确保社会源废弃物信息规制体系的有效运作,为社会源废弃物的法律治理奠定良好基础。当然,对社会源废弃物的法律规制是一个渐进的过程,绝不可能一蹴而就。我国环境保护行政主管部门应该根据社会源废弃物的种类和危害程度,创新融合信息科技和法律规制手段,充分发挥信息规制的功能优势,为提高社会源废弃物法律规制决策的科学性与实效性提供足够支撑。

---

① [美]凯斯·R.孙斯坦:《风险与理性——安全、法律及环境》,师帅译,中国政法大学出版社 2005 年版,第 321—335 页。

② 刘光富、刘文侠、鲁圣鹏等:《考虑政府引导的社会源危险废物回收处理模式研究》,《科技管理研究》2016 年第 8 期。

第五章　公私合作环境治理之法律规制

公私合作环境治理是现代环境行政任务履行方式的创新模式，也是公共设施或者公共服务民营化运作的现实产物，具有强烈的政策性与目的性取向。然而，公私合作一旦在现代环境法律秩序中加以根植与实践，则可能对传统的环境法学及其环境治理模式造成巨大的压力与挑战。为回应这些现实的挑战，实施公私合作环境治理必须有审慎而清晰的法治定位思考。同时，为回应公私合作环境治理的法治需求，必须推进政府环境职能定位及其权力配置的法定化，拓展环境行政主体类型并推动环境组织法改革。进而完善环境行政正当程序，规范多样化的公私合作环境治理行为，强化公私合作主体的信息公开制度，建立多元纠纷解决机制与强化司法审查功能等，以彰显法治对公私合作环境治理的规制作用。

第一节　公私合作环境治理法律规制需求

公私合作环境治理作为现代环境法治的一种创新性的治理模型，可能对传统环境法学造成巨大的挑战。尽管这种创新性的治理模型能够较好地回应现代环境治理的转型发展，但它不可能描述所有的国家环境治理活动。更为重要的是，公私合作环境治理模型的提出，并不一定意味着其他环境治理模式已经消亡，或者甚至取代其他法学领域其他环境治理或管制模式。毫无疑问，构成现代环境法治主要特征的"法治国家"或者"社会国家"等环境法治的基本理论和基本原则依然存在，因此，无论是理论还是实践，公式合作环境治理作为一种新型治理模式，显然需要进一步理顺与传统环境法治模式的关系。具体可从以下两个方面分析。

一是由奥托·迈耶基于"国家不协商原则"所建构出来的传统行政行为理论,可以衍生出环境法学的行政规制体系,即强调以环境行政命令或单方环境管制为中心的环境行为法。但是,随着风险社会、国家职能变迁和合作共治等理论逐步在环境法学领域得以广泛地应用,传统的环境管制行为法模式及其法律体系显然已无法满足当今日益增多的公私合作环境治理的现实需求。现代环境法发展趋势已经从管制国家转变为合作国家。在合同国家理念的促使下,现代环境治理的行为主体与行为模式遭遇到转型变迁的冲击。私人(或部门)主体已不再仅是公权力行使的对象而已,其作为环境治理任务的主体变得日益宽广。

二是公私合作在某种程度上模糊化了国家与社会的功能领域,更增添了环境合作法律关系在公、私法定性上的困难度。在国家与社会区分的理论模型中,"管制的"国家与"自我规制"的社会,代表着对"国家"与"社会"之基本理解。而公私合作理论的提出,模糊了国家与社会的界限,导致环境行为的公、私法属性难以界分,对于建构在大陆法公、私二元区分前提下的法律秩序而言,也造成法规适用正确性的挑战。基于此等理由,已有许多学者呼吁尽快发展出一套"合作法",以解决国家与私人之间因公私合作环境法律关系的形成与终止、责任分配、任务执行确保、利益冲突解决、公益维持,以及其他相关法律规制问题。

一　公私合作环境治理与法治的关系

(一)公私合作环境治理关系形成之法治基础

原则上,公私合作是建构在公、私部门双方自愿接受合作条件的合意前提之下。因此,在行政实务上,行政机关最常运用与私人签订契约的方式,以形成共同执行行为任务的法律关系,学说上将这种类型的契约称为"合作契约"。该"合作契约"为集合概念,是指所有以公部门与私部门为双方当事人所签订的,以合作方式完成行政任务为标的的契约类型。因此,从传统的公权力委托契约、行政助手委托契约,到日益多样化的公共服务委托契约、公共机构委托经营管理契约、BOT投资契约、联合开发契约,乃至设立公民合资公司与管理契约等,都包括在合作契约的范畴之中。另外,有学者认为,在法律明文规定的情形下,行政机关在给付行政领域具有法律形式选择自由,[①] 因此,在这一范围内,可以进一步选择采取公法形式的行政契约、私法形式的民事契约,以及私部门之间的合作关系。

然而,公私部门之间合作关系除了上述契约法律行为形成外,尚不排除建构在其他基础之上。例如,我国亿利集团带领当地企业和牧民等进行沙漠治理的案例属于单纯财政民营化案例。[②] 在该案例中,亿利集团与当地政府签订契约,即使沙漠的生态环境治理的契约化管理是基于弹性与效率处理的考虑,双方达成一个不具有法律拘束力的事实协定或共识,也可以作为公私合作环境治理关系形成的基础。进一步而言,对于公私合作管制的情形,国家与私部门间甚至于连事实上的协商或约定都不存在。双方合作关系是否形成,完全取决于私部门的单方允诺。

由于契约与事实上协定等行为方式在公私合作关系形成上所扮演的重要角色,学说上又将此等行政行为类型称为"合作行政行为",与命令、禁止等传统的单方管制行为相区别。合作行为的特征,主要在于双方当事人基于平等的地位,通过沟通、谈判等意见交换程序,以制式或非制式的行政行为达成合意的目标。

(二) 公私合作环境治理行为的法律规制

1. 国家环境担保责任的确保

一般而言,国家在环境治理的具体个案中,有权自行选择以公私合作方式执行环境保护任务。然而在现代宪法国家中,基于人权与公益保障等理由,即使对于建构在双方当事人合意基础上的行为,也常常存在与之相关的法律规范,作为环境治理法律的框架与依据。对于公私合作环境治理的情形,虽然目标在于减轻国家负担与达成行政任务部分民营化,然从责任的观点看,国家始终保留环境保护任务的管辖权与责任。换言之,公私合作环境治理仅仅为国家环保责任重新分配的一种体现。不同于完全的任务民营化,国家在公私合作环境治理的情形中,并非仅

[①] 林明锵:《行政行为形式选择自由——以公私协力行为为例》,《月旦法学杂志》2005年第5期。

[②] 吴勇、张枨、寇江泽:《形成合力,推动绿富同兴——内蒙古库布其沙漠治理经验报道(之二)》,《人民日报》2018年8月7日第1版。

保有督促私人实现环保公益的"保障责任"而已，更是进一步负有自行履行任务的"担保责任"。因此，无论公私合作关系以上述何种方式形成，为确保国家环境担保责任的实现，都应受到法律规制。

2. 环境规制法律的适用问题

在现行环境法治秩序中，所谓的公私合作环境治理行为的依据法，主要有三类来源：其一，为规范环保公权力主体行为的一般性法规，包括（中央与地方层级的）环境机关组织法、环境保护法，以及传统行政法学领域中的行政许可法、行政处罚法、行政强制法、行政诉讼法、国家赔偿法等相关行政法律法规。其二，为规范各种公私合作环境治理执法行为领域的专门法，如水污染防治法、大气污染防治法、土壤污染防治法、固体废弃物污染环境防治法、市政公用事业特许经营管理办法等。其三，为规范公私合作环境治理行为，在经济生活与自由市场上免于造成竞争不公平的一般经济监督法规，如反不正当竞争法和反垄断法。由于环境合作行政行为的不同，应适用的环境规制法令也应随之改变，因此，正确环境规制法的找寻将终结对公私合作环境治理行为属性的正确判断。

在公私合作的环境公共事务上，最为广泛采取的是"合作契约"或者"环境合同"。依据这类契约的不同属性，可将"合作契约"区分为行政契约或私法契约，以此构成不同的环境法规适用框架，并形成不同法律效果的问题。若为行政契约，则缔约程序应适用行政程序法，契约内容须受环境公法规范与一般原理原则的拘束，相关争议通过行政诉讼途径解决。反之，若为私法契约，则以民法为基本的框架规范，原则上依循契约自由，争议则通过民事诉讼途径加以解决。然而，由于行政契约在行政法释义论上的发展尚属晚近的事情，相关理论与内涵并未臻稳妥，再加上大陆法系下公、私法二元区分本属不易之事，学说与实务所采取的基准也不一致，故随着公私合作契约的日益普及，其公、私法的定性也成为目前行政法学界最具争议的问题。除政府与民间以设立合资公司为目的所签订的公司契约，或因公营事业公共股份转出，所发生的财产上关系确定为私法契约外，因其他公私合作类型所签订的合作契约性质，则有待个案逐一判别。

根据行政法学者的通说，公权力委托若非直接通过法律或法律授权的法规命令为之，而是选择以契约方式，设定、变更或消减公法上法律关系，并因委托内容涉及环境公权力的转移与行政管制权的行使，则属于"行政契约"。① 因此，根据《行政许可法》《行政处罚法》《行政强制法》，以及其他专门法律规章等，将相关环境行政许可权、环境行政处罚权或者环境行政强制措施权委托给相关公共组织形使，即为所谓的环境"行政契约"问题。同样，根据其他专门的环境法律法规的授权或者委托，形成所谓的环境"行政契约"问题，如根据我国《大气污染防治法》规定，在用机动车应当按照国家或者地方的有关规定，由机动车排放检验机构定期对其进行排放检验等，即该项规定为委托专业的检验机构办理机动车环保检验提供法律依据。反之，委托私人作为行政任务的助手辅助执行契约，则因契约内容仅涉及业务性、技术性等内部事务的协助，故属"私法契约"。至于其他类型的业务委托契约、BOT投资契约以及联合开发契约等，基本上固然有促进参与法与政府采购法作为依据法，然而尚不能得出其为"私法契约"的结论。本书认为，仍须依据个别的契约内容的具体定性，并非本书所探讨的目的，因此，在此仅作简略论述，不再作深入探究，特此说明。

至于其他作为公私合作关系形成基础的合作行政行为，如在单纯财政民营化情形下的事实上协定，属于"非型式化或非正式的行政行为"。这种行政事实行为纯属"君子协定"，约定当事人的任何一方拒绝履行协定内容，并不发生法律上的效果。因此，就亿利集团进行沙漠治理的案例而言，即使亿利集团或相关牧民反悔其先前所做的自愿性治理沙漠的约定，环境行政主管部门也无法强制要求企业和牧民履行协定，也不得主张损害赔偿或者课予罚则。非正式行政行为类型众多，其中关于行政指导部分已经法制化。至于其他类型的非正式行政行为，如所提到的事务上协定，并无法律上的明文规范。采取这种合作行政行为的优点在于双方具有高度的行为弹性，行政机关可以依循相关规定，迅速且有效地解决财政与其他任务上的困境，而人民也有较大的决定与活动空间。然而，以此类合作行政行为为基础建构公私合作关系，国家至少必须考虑到两项不可分割的后果：其一，国家所能期待的预计目标仅

---

① 李震山：《行政法导论》，三民书局1997年版，第277页。

能在"事实上"而非法律上加以实践。其二，非正式的合作行政行为虽然具有弹性化的优点，但是并不意味着国家可以不受法律的规制。其作为行政行为，法治国家中的法律优位原则、比例原则，以及人民基本权保障原则等，都构成公私合作上的行为准则与界限。

二 公私合作环境治理法治现状反思

在多元治理的语境下，实施优化我国环境权力的基本路径已由传统的较为封闭和狭隘的府际关系内部调整，转变为强调环境行政权力与外部资源互相依赖、开放和区域合作的协调治理机制。但是，不容忽视的是，仍有一些地方政府基于本身的经济社会发展需求和环境治理问题的纾解，侧重关注环境管制分权的必要性和可行性及其现实制度设计问题。对此，有学者研究认为，无论是关于环境治理的集权问题还是环境分权问题，都具有较强的现实意义，对应着我国现行环境管理组织体制机制中存在的诸多方面问题。[1]

随着环境治理的深入发展，这种强调内部管制分权的改革思路，仍存在难以突破的障碍：一方面，在体制内，环境权力的配置矛盾和问题开始显现，环境管理决策权力分配失衡，环境执法权力调配不当；另一方面，在体制外，权力的行使难以满足广大环保主体的差异化和多样化的利益需要，引发诸多公共性问题，单一的权力行使方式成为区域环境治理一体化的最主要障碍。例如，在环境治理过程中，一个不容忽视的事实是，经济社会的发展导致了大量的地方环境治理利益集团，它们从事着各种不同类型的治理行为，这些行为可能指向不同的利益需要。因此，采取一体化的环境权力运作模式，必然会忽视这些差异化和多样性的利益需要，从而导致环境治理权力盲区，难以达到区域环境协同治理效果。

（1）环境管理决策权力分配失衡：权力高度集中于上级行政机关。韦伯试图这样构建官僚制模式：按权力自上而下排列成严格规定的等级

---

[1] 钭晓东：《论环境监管体制桎梏的破除及其改良路径——〈环境保护法〉修改中的环境监管体制命题探讨》，《甘肃政法学院学报》2010年第2期。

层次结构体系,每一个下级机关是在上一级机关的控制和监督之下。[①] 但是,韦伯的理想官僚制模式可能存在这样的天然缺陷,即一旦权威和权力处于等级层级结构的顶端,权力的行使者可能在做出重要决策时,无须咨询它们的下级机关。事实上,对于行政长官或管理者而言,权力是他们维持官僚体系所必需的,是控制组织成员行为的工具。[②] 从环境行政管理的科层结构看,只有将权力自上而下排列成严格规定的环境权力等级层次结构体系,才能实现组织建立的目标。但是,环境权力过度集中,不仅导致上级行政机关负担过重,还会造成实际履职能力不足。

(2) 环境执法权力调配不当:基层组织的环境执法权力配置明显不足,导致一线环境行政执法能力严重不足。与环境权力过于集中上级行政机关的情形不同的是,我国基层环境行政机关的执法职权严重配置不足。以我国2015年新修改施行的《环境保护法》为例,该法第二章规定了国务院环境保护行政主管部门、省、自治区、直辖市人民政府、县级以上人民政府的环境保护行政主管部门的环境监督管理职责。但是,根据《环境保护法》第15条、第16条、第26条等对各级环境监督主管部门的职责规定看,上一级环境保护行政主管部门具有明显多于下级环境保护行政主管部门的管理监督权限。

(3) 就行政机构内部人员职权配置情况看,值得注意的是,一般是高层人员拥有较多的环境行政决策、环境行政许可等职权,而真正一线行政执法人员的职权配置不足,导致他们的执法手段和措施不足。因此,政府环境行政机关内部之间的纵向法律关系仍然呈现着"正三角"形组织结构关系。

在多元治理的背景下,探讨我国环境权力优化改革问题,应运用治理新理论和法治新思维,创新环境权力的法定配置机制,提出符合我国国情、本土化的权力优化路径。无疑,这里有三个层面关系需要梳理:其一,宏观层面,既包括垂直的央地府际环境权力关系问题,也包括水

[①] [德] 韦伯:《经济与社会》(下册),林荣远译,商务印书馆1997年版,第322页。
[②] [美] 全钟燮:《公共行政:设计与问题解决》,黄曙曜译,五南图书出版公司1994年版,第229页。

平的区域府际环境权力关系。同时，根据治理理论，还应该包括政府环境公权力与社会企业环境权利、公民个体环境权利的公私伙伴关系。其二，中观层面，环境权力在央地各个层级机关之间的合理配置，以及政府环境权力与社会企业、公民个体的权责边界问题。在多元治理的理念下，环境权力行使的边界问题，以及社会企业、公民个体如何参与环境治理的决策和执行，需要通过整体的环境制度设计加以完善。其三，微观层面，主要体现在如何通过具体微观的法律制度设计，具体落实宏观和中观层面的法治理念和重大行政决策。如环境权力的下放转移机制、区域环境联动执法机制、公众参与和信息公开制度等。

因此，环境权力优化需要从理念与制度的维度，对环境治理体制机制进一步检讨：就纵向关系而言，中央难以有效协调和监管地方环保行为，说明我国央地间协调机制的缺失；就横向关系而言，地方政府间、地方部门间以及政府与企业、公众间，不仅利益存在结构性失衡，[①] 而且缺失共治的协调机制。因此，环境保护法律制度若要变革，须以环境权力优化为核心，促进公权力与私权利主体之间"权力—权利"关系的协调合作，积极通过环境体制机制的创新变革寻找出路。

第二节　公私合作环境治理法律规制定位

公私合作环境治理作为一种新型治理模式，同样需要面对政府和市场的双重失灵问题。基于对问题的反思性考量，构建公私合作环境治理法律制度体系，必定需要从政府的科层化机制的改革入手，然后将之融合到现代市场经济机制和公民社会的自治机制当中，形成政府—市场—社会"三元"联动的制度化力量。[②]

为推进这一集约化、制度化的环境公私合作治理机制，形成环境法治的制度比较优势，需要确立三大法律规制要素：一是规制核心要素。即厘定公私主体的环境职能边界，形成科学合理、纵横交错、法定化的

[①] 张梓太、郭少青：《结构性陷阱：中国环境法不能承受之重——兼论我国环境法修改》，《南京大学学报》（哲学·人文科学·社会科学）2013年第2期。

[②] 杜辉：《面向共治格局的法治形态及其展开》，《法学研究》2019年第4期。

职能结构。二是规制保障要素。建立公私合作环境治理的多元化格局，拓展组织空间、协力共进、秩序化的组织结构。三是规制程序要素。在公私合作环境治理法律规制过程中，需要体现公私主体对等关系，强调环境治理规制程序的交互性及其法律依归。

一 环境职能定位和权力配置法定

（一）政府环境职能定位及其法定化

现代国家随着时代的发展变迁，"夜警国家"逐步转变为全面提供人民服务的"给付国家"。随着现代工业化的发展，环境问题日益凸显，环境风险等公共风险问题成为现代社会的基本特征。对大气、水、废物等环境污染进行治理是政府的一项基本职能，为人民提供优质的环境质量同样成为政府的法定义务。然而，碍于政府管制环境的行政成本和财政压力过大，因此，将民间资源纳入环境治理全过程，形成所谓公私合作环境治理。由此，一种新型的治理模式被有效提出来。

在公私合作环境治理的过程中，政府仍是环境治理活动的逻辑和现实起点，承担主要的环境保护职能，对环境治理的后果承担国家担保责任。政府在环境治理的职能定位应该是在宪法法律框架下，合理确定环境公权力与环境私权利的法定边界，建立起政府—市场—社会等"三元主体"的合作共治的架构体系。

在政府与市场的关系上，应当强调市场对环境资源配置的优先地位，政府要扮演好市场规则的宏观调控者和监督者的角色，然后也应有效利用和挖掘市场的竞争机制和价格机制等，创新实施环境民营化和环境公共建设项目合作合资等方式，缓解政府自身行政组织资源和财政资源的紧缺所带来的压力和矛盾。当然，在市场失灵之处，特别是针对环境治理中公共性问题，要利用政府的自身优势，打破"公有地悲剧"[1] 这一固有的环境治理难度，承担起应有环境保护义务。

在政府与社会的关系上，必须关注和发挥社会组织在环境治理中的积极作用，以弥补政府环境职能的不足和市场过于追求利润价值的缺

---

[1] ［美］埃莉诺·奥斯特罗姆：《公共事务的治理之道：集体行动制度的演进》，余逊达、陈旭东译，上海译文出版社2012年版，第2页。

陷。由于环境治理的任务日趋繁重，环境风险具有极大的不确定性，因此，一方面，环境治理亟待政府自上而下地理性建构和推动；另一方面，也急需公民社会自下而上地自发自觉参与到环境治理的进程当中，从而形成理想形态的公私合作环境治理模式。

然而，现实问题总有两面性和矛盾性。一方面，当前政府、市场和社会的一体化环境治理机制取得明显进步；但另一方面，在环境治理方面，社会对政府的环境治理惯常的依赖心理由来已久，加之我国社会组织尚处于成长壮大阶段，因此，环境公众参与和公民诉讼等机制尚无法充分发挥其常态化的成效。对此问题，习近平总书记指出："政府职能转变到哪一步，法治建设就要跟进到哪一步。要发挥法治对转变政府职能的引导和规范作用，既要重视通过制定新的法律法规来固定转变政府职能已经取得的成果，引导和推动转变政府职能的下一步工作，又要重视通过修改或废止不合适的现行法律法规为转变政府职能扫除障碍。"[1]

（二）政府环境权力配置的法定化

英国著名的法学家戴雪指出："绝对的或者超越的法治，反对政府有专断的、自由裁量的无限制的特权。"[2] 贯穿于19世纪，德国法学界讨论"法治国"蔚为风潮，该理论明确强调国家要依法实行统治，也称为"法治行政"或者"法治政府"。[3] 在环境治理过程中，国家的环境行政权及其与环境私权利的合作，皆应受到法治和"法治国"理论的约束。在公私合作环境治理过程中，科学、合理地配置两者的权力与权利关系，建立良好、有序的公私合作法律关系。同时，加强环境法制监督，防止公权力与私权利共同损害国家或者社会的公共利益，即"公私合谋"问题；或者防止公权力遁入私权利的自治空间，即"公法遁入私法"。[4] 为此，需要通过引入环境契约或者合同方式，明确公私合作双方的法定权限边界，防止公私利益主体出现"公私合谋"问题，损害对方合法权益。同时对未型式化的环境治理行为加以法定化和型式

---

[1] 习近平：《在中共十八届二中全会第二次全体会议上的讲话》（2013年2月28日），《人民日报》（海外版）2016年8月17日第12版。

[2] [英]戴雪：《英宪精义》，雷宾南译，中国法制出版社2001年版，第202—203页。

[3] 陈新民：《德国公法学基础理论》（上），山东人民出版社2001年版，第71—94页。

[4] 章志远：《迈向公私合作型行政法》，《法学研究》2019年第2期。

化,有限度地承认环境治理行为的行使选择自由,既能防止公权力遁入私权利的自治空间,也能增加环境治理行为的灵活度。

首先,通过环境契约,建立良好、有序的公私合作环境治理关系。公私合作环境治理本质上就是一种环境契约关系。契约作为社会治理的崭新工具,正在诸多环境治理领域和具体环节获得广泛应用,现代行政国家因之逐渐演变为契约国家。环境治理机关寻找和培育私人合作伙伴、实现由"通过权力的治理环境"转向"通过契约的治理环境",必将成为环境治理发展的大趋势。"就程度和光谱的一端为原始权力、另一端是合同而言,我们已经把治理的中心移向了合同。从权力转向合同并不意味着政府部门的终结。恰恰相反,它意味着需要建立一种制度和管理能力去迎接我们面临的许多新的挑战。"[①] 为此,根据公私合作的特点,在环境治理行为型式化的趋势下,不可避免地映射到公私主体之间以合作为目的所签订的合作契约上,从而在环境治理行为大家族中,契约有望与传统的环境管制行为形成双峰并峙的景观,环境契约法制将成为环境治理行为法的核心议题。

其次,对未型化的环境治理行为加以法定化和型式化。公私合作环境治理行为的兴起衍生了大量未型式化的环境行为,"不断对未型式化的行政行为加以型式化,将成为行为论发展的新任务"[②]。除了适度保留以命令控制为特质的环境处理行为,发展以协商合作为特质的环境契约行为外,还应当积极探索环境执法和解、环境治理风险评估、环境执法约谈等"柔性"环境规制机制,在环境治理行为内部体系构造上形成刚性行为、柔性行为等刚柔相济的环境治理格局。如此一来,在环境治理任务有效履行目标导向下,环境治理的行为选择将更加灵活,公私合作作为新型环境治理手段的运用,也能够依据治理行为功能的不同而做出情境化的辨析和定位,避免陷入与传统环境法律行为形式一一对应的窘境。例如,环境信息公开手段近年来在我国大气污染排放、化学品

---

① [美] 菲利普·库珀:《合同制治理——公共管理者面临的挑战与机遇》,竺乾威等译,复旦大学出版社 2007 年版,第 51 页。

② 林明锵:《行政行为形式选择自由——以公私协力行为为例》,《月旦法学杂志》2005 年第 5 期。

生产企业的生产管控、固体废弃物的运输贮存处置等诸多领域得到了广泛运用，并取得了十分明显的实施效果。立足功能主义的视角进行观察，可以看出其自身至少具有"声誉罚""行政强制执行""公共警告"和"环境处罚信息公开"的四重属性。

最后，有限度地承认环境治理行为的行使选择自由。需要有限度地承认政府环境治理行为的形式选择自由，以便更好地完成日渐扩张和复杂化的政府环境任务。环境治理行为形式选择自由是指，除非法律明确规定政府应采取特定治理形式的行为，否则政府为了适当履行环境公共任务，达成环境公务管理目的，得以选取适当的环境治理行为，甚至也可以在法所容许的范围内选择不同法律属性的行为。事实上，环境行政助手、委托行使环境权力、环境执行和解等现象的涌现，就暗含着对环境治理行为形式选择自由的某种默认。同时，相关领域立法的跟进和规范也体现出对形式选择自由负面效果的矫正努力。环境治理过程中，环境治理行为形式的选择自由，是政府与企业、环保公益组织、公众等分享环境治理裁量权表现，需要受制于裁量的一般界限。总体而言，环境法律规范的强制性规定、干预行政与给付行政任务的区分、公法形式与私法形式绩效的对比影响着环境治理行为形式选择自由的实现，构成了环境行政机关合义务的裁量限度。

二　环境主体多元化与组织法拓展

在传统的环境主体理论或者组织法治结构关系中，环境主体处于绝对优势地位，公民社会组织是被动的相对人。著名法学家江平教授认为：国家权力和社会权力是两种不同的权力。我国自改革开放以来，一个很重要的目标就是逐渐缩小国家权力，更多地扩大社会的权力……但是就今天看来，我们离这个目标还有一段距离。中国现状仍然是社会权力较小，国家权力较庞大且较少制约。[①]

在环境行政法律关系中，社会企业和公民个体处于行政相对人的地位，是环境行政机关的管理对象，这两类主体所享有的环境权力较少。

[①] 江平：《社会权力与和谐社会》，2010年3月8日，中国人民大学法学院"民商法前沿讲座"讲座，http://www.aisixiang.com/data/37338.html。

通常，政府行政机关通过法律法规授权、委托、交办、行政助手等方式将个别环境权力向社会企业和公民个体转移。不难看到，政府行政机关、社会企业和公民个体，从其享有权力的主体数量和公权力的多少（包括公权力的等级、公权力涉及的管理事项等要素），自上而下呈现一种"正三角"形的结构关系，并在一定程度上，政府环境权力与社会企业、公民个体存在某种博弈关系。

在合作治理理念的冲击下，对环境行政组织结构进行优化，建构公私合作环境治理主体成为时代转型发展的必然趋势。作为一种软性的治理机制，公私合作环境治理通过一种制度性的妥协方式，采取诱导性手段，促使不同的环境治理主张在相互对抗中达到一种反思性衡平。通过协商对话机制，使得主体之间取得信任与合作。公私合作环境治理改变了传统环境权力的"高压"姿态，有效地排除了单方环境权力行为的恣意性，有助于对环境主体和相对人之间不完全对等的倾斜度进行纠偏，实现环境治理由"秩序行政"向"合作行政"的转型与整合。

环境行政主体制度或者组织法律关系的变革，能够有效促进环境治理中公众、企业、政府的利益有效表达和信息充分沟通，在民主过程和知识论的双重意义上促进环境主体公共决策的正当化和理性化，从而保障公私合作环境治理的运行体制机制建设。具体而言，环境治理公私主体制度的变革主要包括：建构多元主体参与环境治理的合作伙伴关系网络模型；根据社会转型发展需要，改良政府环保职能主体的下放转移机制、环境合作治理的主体沟通疏导机制、合作利益主体冲突的法律维权监督机制。具体内容包括四个方面。[1]

（1）以回应多元治理为导向，不再强调国家在环境治理中的中心地位，而是分散地、多中心地环境治理任务的现实结构，拓展环境行政主体类型并推动环境组织法改革。奉行开放、参与、合作与共赢等环境法治理念，通过重塑环境法律制度基础、调整环境规制结构，创建环境治理的公私合作伙伴关系网络模型。

（2）在合作国家中管制模式的改变不再拘泥于国家的威权或者中

---

[1] 肖磊：《多元语境下环境权力优化及其制度因应》，《中国矿业大学学报》（社会科学版）2019年第3期。

心地位，而是考虑如何利用或搭配不同的环境任务实现逻辑。在强调环境治理框架性立法的基础上，运用民主授权和法律委托等相关理论，加强科学、民主的立法，采取行政规制等手段，逐步形成政府环境权力的下放转移机制。

（3）公私合作环境治理体系牵扯的利害关系十分广泛，涉及政治、经济及法律等多个领域，需要根据不同环境规制工具在立法干预强度谱系表上所处的位置，建立环境合作治理的沟通疏导机制。

（4）从立法、执法、司法等方面为实施公私合作环境治理找寻科学的法治定位。推进政府环境治理职能定位及其权力配置的法定化，完善环境行政正当程序，强化公私合作环境治理主体之间的信息公开制度，建立多元纠纷解决机制与强化司法审查功能等，为全方位回应环境法律治理秩序和各类群体的利益诉求提供可行方案，建构解决合作利益冲突的法律维权监督机制。

三 环境治理过程的交互性及依归

环境治理的正当程序是整个管制的一环，[①] 管制型态与管制哲学上的变迁自然会影响到公私合作环境治理的走向，也因而会连带牵动相应的程序设计理念。虽然环境程序管制的变迁因我国政治体系、经济结构与西方的环境法治传统有所不同，但在环境治理的程序基本价值和理论上，仍有许多共通之处。尤其是当将焦点集中在公私合作环境治理领域时，这种共通之处变得格外明显。

首先，在整个公私合作环境治理领域，原本以行政本位的"全能型家长主义"已经松动，取而代之的是环境行政参与和专家参与的"合作型调和主义"。在每一具体的环境治理领域，都面临尊重专家与公众参与的调和问题，体现双方的交互性。这种调和的必要，并不因环境公私合作事项牵涉高度科技背景而减损。相反地，由于高度科技背景，当环境治理事项面临科技的极限时，决策更多面临的是政治判断问题，公众和专家参与的必要性大增。环保领域时常牵涉科技难以完全确定的决策盲点，有待决策于未知之中，使得调和民主与专业的必要性相对提

[①] 叶俊荣：《环境行政的正当法律程序》，三民书局1997年版，第163页。

高。目前公私合作环境治理程序，有过度依赖专业与资金而较轻视民主参与问题。

其次，公私合作环境治理的程序理论另一发展方向，是环境行政机关从以往环境公益的推进者和维护者，逐渐蜕变为仲裁者和监督者。造成这种现象的主要原因是因为环境监管事项的复杂化，加上涉及利益主体的多元化与团体化，政府难以包办一切环境事务。在这种发展趋势下，环境行政机关越来越倾向于将部分环境管制事项转移至社会组织，在美国，实施民营化和公私合作方式，通常采取的就是管制协商或协商式规则制定程序。[①] 我国利益团体化与社会多元化的程度难以与美国比较，但也有相当程度的相同之处，并朝这一方向发展。尤其是在公私合作环境治理过程中，公私部门之间的利益冲突难以避免，各种利益团体化的程度较高，环境行政机关将越来越多地扮演中立仲裁者和监督者角色。

再次，公私合作环境治理理论也朝向管制程序的多元化方向发展。所谓管制程序的多元化，是环境行政机关对于公私合作环境治理事项，不能局限某一环境管制程序，而应设计多元的程序性手段。通过前文比较分析，大陆法系和英美法系等国家和地区在具体实施推进公私合作时，为因应现代社会的多元利益格局，实施民营化、公私合作的程序方式也越来越呈现多元化的趋势。也就是在具体的程序设计上，能够及时体现和回应不同主体的多元利益诉求，采取多元的管制程序。倘若在程序上的设计过度强求定型化的法律程序，且不太注意从程序进行沟通协商，极其容易导致制度的僵化，也无法达成原来设定的目标。

最后，公私合作环境治理程序，既有赖于公众的参与程度，也有赖于政府的程序保障，从法律的逻辑上讲，这两者存在内在的密切关系。一方面，公众的参与程度与政府的环境决策呈正相关关系，参与层次的上升，有利于政府广纳建议，重视环境私主体的合法权益；另一方面，在政府环境治理过程中，环境公权力与环境私权利在不同阶段的运行机制并不相同，在不同程序环节、步骤上的不同的环境合作行为形态，与

[①] [美] E.S. 萨瓦斯：《民营化与公私部门的伙伴关系》，周志忍等译，中国人民大学出版社2002年版，第5页。

任意各方的参与意向及其行为存在许多交集和冲突，直接体现为合作价值与各自主体的价值及利益的冲突和妥协关系。如此，在公私合作环境治理过程中，行政行为具体形态与相对人行为具体形态的对应性，环境行政主体的环境职责与相对人的环境权利的对应性，以及行政行为与相对人行为在对应性基础上的反复性、博弈性，凸显了环境治理过程的交互性。[1]

第三节　公私合作环境治理法律规制展开

公私合作作为一个新兴的法学问题，在西方国家很快得到了研究和运用，并成为一个重要的法学研究主题。我国在20世纪90年代中期开始零星尝试利用非政府投资发展市政公用事业，时至今日，我国公私合作得到了较为广泛的运用。[2] 尽管如此，公私合作并未受到法学界应有的重视，仍是一个有待深化发展的研究课题。对于公私合作环境治理法律规制问题，很显然，西方国家法学的焦点已经逐渐从"规则之治"转向了"原则之治"，从"规范主义"转向了"功能主义"。[3]

我国长期受大陆法系"规则中心主义"的影响，环境规制仍然停留在规范主义控权思维中。从顺应全球环境法治的潮流看，应当倡导一种以"原则"为取向的功能主义建构模式。即在法定、正当和辅助性环境法原则的统制之下，通过环境法规则对公私合作的范围加以适当限定；通过均衡性的环境利益衡量对公私合作的实体内容做出合理建构；通过实质性的利益沟通对公私合作过程做出最佳建构；通过司法审查技术的相应跟进和完善确保公私合作的建构最为适当。

一　环境法规则限定公私合作范围

（一）宪法和环境法律原则统制

在传统的法学理论上，存在着所谓的不容许国家转嫁由私人承担的

---

[1] 石佑启、杨治坤：《中国政府治理的法治路径》，《中国社会科学》2018年第1期。

[2] 余晖等主编：《公私合作制的中国试验：中国城市公用事业绿皮书》，上海人民出版社2005年版，第1页。

[3] 周佑勇：《行政裁量的治理》，《法学研究》2007年第2期。

国家任务的核心领域问题,如外交、国防、立法权、司法权、货币发行以及度量衡等事项。然而,这种所谓的"国家独占"经济社会的事项的观点,随着现代社会价值观点的转变以及在政治实务中发展而逐渐受到挑战。[①] 有鉴于此,像国家环境保护义务、公共福利给付等传统的国家任务,甚至一些地方立法活动也逐渐采取委托专家立法等方式,逐步走向社会,不再由国家采取独占方式予以推进实施。

然而,值得注意的是,随着国家逐渐将原有的国家独占的法定权限,通过法定的授权、委托和交办等形式,转移其环境治理的公共职能,由此打破了宪法和法律的藩篱,走向环境治理公共事务的"私人化"型态,即所谓的环境治理的"组织的私人化"或是"任务的私人化"问题。[②] 但如前所论述的,这种环境治理职能的转移,并不意味着环境治理公共事务已经逃逸了国家宪法和法律监督,更不能说明政府可以超脱其对环境公共事务法定的监督职责。现代国家应当仍然严格遵循的"法治国"理论,特别需要强调国家应该依法实行统治,政府的一切活动都必须要有宪法和法律依据,所谓"法治之下,权自法授"。[③]

公私合作环境治理固然是从传统的国家环境保护义务逐渐向社会、公众转移法定职权的一种新契机,使得国家在实施环境保护义务时不再面临只能采取"全有全无"的解决模式之困境。然而,国家与民间组织或企业若要享受公私合作所带来的环境治理的双赢成效,在环境法学法定性和正当性原则的考量下,首先必须具备宪法的容许性,也就是说,国家通过私人主体,采取民营化、行政权力委托、行政助手的方式实施环境治理行为,最终必须受到宪法和法律的验证和统制。

(二) 通过环境法规则具体限定

公私合作作为一种新型的环境治理方式,能够有效拓展环境治理的制度空间,也能适度保持环境行政的能动性,最大限度地实现环境治理的个案正义,但是当公私合作的范围太宽或过度时,环境公益可能在民

[①] 詹镇荣:《宪法框架下之国家独占》,载《全球化下之管制行政法》,元照出版公司2011年版,第164—197页。

[②] 张桐锐:《合作国家》,载《当代公法新论(中)——翁岳生教授七秩诞辰祝寿论文集》,元照出版公司2002年版,第575页。

[③] 石佑启、杨治坤:《中国政府治理的法治路径》,《中国社会科学》2018年第1期。

营化或公私合作后遭到损害。当然，我们肯定不能因为环境公益遭受侵害，而简单否定民营化或者公私合作。我们需要的是，应当更加审慎地在环境治理中运用法律的规则，合理限定公私合作的范围，剔除不必要的"公法遁入私法"或者"公私合谋"侵害环境公益等违法和不当环境行为。尽管试图通过立法的手段穷尽一切公私合作的法律细节来详细规范双方主体的权限范围，但是，这种理想状态已被实践证明往往难以达成所愿。哪怕是从宪法层面，分析指出公私合作必须具备宪法上的容许性，仍然是无济于现实问题的解决。因此，从现实的角度出发，必须从更加宽广的行政规则的制定出发，找寻具体可行，且更具应用性的公私合作环境治理的法律原则。

在限定公私合作环境治理范围方面，通过环境行政机关制定具体化的环境行政规则和环境标准体系无疑是一种非常有效的办法。它不仅可以弥补基于模糊的立法授权而导致的公私合作范围过宽，限缩公私合作环境治理空间，还可以作为沟通普遍性法律与个案之间的一个桥梁，比立法授权更贴近社会生活和事实真相，更切合公私合作环境治理的实际需要。同时，根据法律保留和法律优先这两项行政法定原则的要求，凡属法律保留范围的事项，环境机关非经法律的明确授权不得任意拓展公私合作环境治理的范围；凡法律已有明确规定，环境规则和环境标准都必须与之相一致，不得与之相抵触。仅此，只有通过环境规则和环境标准限缩公私合作环境治理的空间才具有合法性和适当性。

二 均衡公私合作环境实体性利益

（一）均衡公私合作实体性利益的必要性

从形式上看，公私合作环境治理是企业、社会组织和个人通过环境公共事务的民营化和公共合作等方式，参与具体的环境公共项目和环境公共服务的活动。这些环境项目和环境服务通常具有一个比较共同的特点，也就是"环境公益"的特质。以公私合作成立合资公司为例，其实施对象必须是由公部门指导、监督或者出资的环境公共事务，以公私合作的形态组成公司或者合伙组织，公部门对环境公共项目或者服务有一定的参与，避免私部门完全以利润与否作为取决于投资或者服务的考虑。所以，以公私合作形态参与环境治理的最大意义在于：即便该环境公共项目或者公共服务的获利性较低,也因为政府出资的缘故,增强了环境公共服务供给的稳定性,保障了公众的合法权益。

从本质上讲,环境公私合作是"对受行政政策影响的各种私人利益之间相互冲突的主张进行调节的过程",① 因此,强调环境公私合作中的利益衡量,也是适应现代环境法利益主体多元化、社会化发展的需要。从实践的角度看,当前我国公私合作环境治理既涉及对城市垃圾、废弃物的清理处置等环境设施的民营化问题,也包括社会公众与企业参与生态修复、植树造林和国家公园建设等自然资源的保护问题。因此,公私合作环境治理行为的实施,必然体现多元化的利益及利益关系。正如我国台湾地区学者董保城教授指出:"行政法律关系转趋多样化、多元化,如大型工厂、垃圾掩埋场等设立除涉及申请人与主管行政机关之外,还包括相邻之居民、其他利害关系人、环保团体与其他相关主管机关,行政机关所面临的不再是单一的私人,而是复杂多元的当事人与利害关系人。"②

我国地方政府在审批许可一些大型炼油化工厂、污水处理厂、危险废物处置厂、垃圾焚烧厂、垃圾填埋场、核电厂,以及其他环境邻避设施的建设选址和排放标准,由于环境信息公开机制仍然存在一定的滞后性、重大环境行政决策机制不够透明化、环境公众参与机制不畅通等方面问题,致使现代环境治理问题或者突发性环境污染事件的矛盾纠纷,愈益呈现多元化和复杂化的利益关系。有学者早就指出,涉及极具高科技背景、决策风险、高度利益冲突的环境问题,显然不适合以绝对式的权利分配方式谋求解决,单纯强调"环境权"而排斥利益衡量,③ 或者试图采取传统的国家模式化、标准化的管制方式加以调节和处理显然已不合时宜。因此,对公私合作环境治理过程中发生的法律纠纷的处理,必然成为一个逐案权衡各种利益关系的过程。④

---

① [美]查理德·B. 斯图尔特:《美国行政法的重构》,沈岿译,中国政法大学出版社2002年版,第6页。
② 董保城:《行政程序法基本法理之初探》,转引自杨解君《走向法治的缺失言说——法理、行政法的思考》,法律出版社2001年版,第321页。
③ 叶俊荣:《宪法位阶的环境权》,《台大法学论丛》1989年第1期。
④ 周佑勇:《行政裁量治理研究》,法律出版社2008年版,第45页。

(二) 均衡公私合作实体性利益的可行性

通过利益衡量建构环境公私合作，是为了实现其实体内容的"均衡合理"，体现个案实质主义，因此必须遵循环境利益均衡的法律原则。它要求环境机关在进行利益权衡时，应当综合衡量公私合作双方主体的利益因素，充分协调二者之间的环境利益关系，使之有机地统一在环境治理的过程之中，在尽可能的范围内保护各种合法的利益。不能借口某种利益的重要而牺牲其他利益主体的利益，即使必须在相冲突的利益之间做出选择，也应将牺牲减少到最低的程度，补偿利益牺牲者的损失。总之，"利益衡量的结果应当促使各种利益尽可能地最大化"[①]。

因此，在公私合作环境治理过程中，需要积极引入行政法上这一法律均衡原则，使之成为全面涵盖着均衡各种环境治理主体利益关系的基本准则，具体包括平等对待、禁止过度和信赖保护等原则。[②] 即均衡公私合作环境治理的公部门利益和私部门利益，应当遵循平等对待原则；均衡公部门所代表的公共利益与私部门代表的个人利益，应当遵循禁止过度和信赖保护原则。总之，严格遵循这些法律均衡原则的要求，探求公私合作环境治理问题中"事情的本质"，利用治理惯例、立法目的、管制政策、事实情节等各种影响环境机关进行利益均衡和结果选择的事实和法律因素，并使其相互有机地联系在一起，从而达到最佳的效果和最适当的建构。

三 强化公私合作主体的信息公开

(一) 公私合作环境治理中之信息公开

公私合作环境治理的主体利益均衡需要通过利益沟通的过程来实现，利益沟通的基本形式应该是资讯的沟通和交流互通机制。信息流通机制能够促使公私双方主体坦诚公布各自的实施环境治理的基本目标，通过持续的协商、交流与对话，使双方对公私合作的事实与法律的认识

[①] Paund, "A Survey of Social Interests", *Harvard Law Review*, Vol. 57, No. 1, 1943, p. 14.

[②] 周佑勇：《行政裁量的均衡原则》，《法学研究》2004年第4期。

得以交融，使相对人能够更加有效地表达自己的愿望和要求，使行政机关有可能采纳和吸收相对人的意志，从而有利于实现相互间的信任，增进相互间的合作，达成利益均衡的决定，最终实现环境治理目标。因此，公私合作环境治理建立环境正当法律程序的理想真正实现，公私双方特别是私人主体的合法程序权益能够得到保障，公私合作环境治理的主体之间的信息公开和流通机制成为重要的关键性环节。"公开是专横独断的天敌，也是反抗不公正的自然盟友"，[1] 因此，将参与环境公共建设项目的依据、标准、条件、决策过程和选择结果予以公开，成为各国实施公私合作制度较有普遍性的做法，事实上，要求环境信息的公开已经成为现代环境法中最明确的成就。[2]

公私合作环境治理能够让公部门与私部门对等地投入心力，努力通过持续的合作治理方式，创造环境治理的有效法律价值和效果，增进双方的共同的利益。私部门以其自身力量投身环境公共建设和公共服务，最终达成环境治理的目标，私部门尽管有其一定的利益追求，但绝不能否定其合作治理行为的积极价值与意义。对此，就环境公私部门而言，环境治理以这种公私合作的方式取得更多、更好的治理成果，"何乐而不为"。

因此，可以期待环境治理的双方主体都会认真地看待公私合作推行的每一个过程，并会充分将双方所搜集的环境信息进行充分的沟通交流。包括行政管理方面的法律规定，或是民事经济法律方面的相关规定，都有经过双方的协商约定，体现于公私合作的决策之中。从而使得公私双方在环境治理的项目合作中，各方的程序性权益通过信息的公开和交流得到充分的保障。同时，通过适度的将合作项目的信息甚至可能存在的环境风险向社会或者周边居民进行信息公开，以达到公众参与的法律效果。例如，通过公私合作方式建设城市垃圾填埋场、污水处理厂、固体废弃物处置点等环境邻避设施、场所，公私双方主体对相关环境信息的公开，具有十分重要的法律意义。

---

[1] Davis K. C., *Discretionary Justice*, University of Illinois Press, 1971, pp. 97-99.
[2] [美] 凯斯·R. 孙斯坦：《风险与理性——安全、法律及环境》，师帅译，中国政法大学出版社2005年版，第325页。

（二）公私合作环境治理通过信息公开发现问题

没有信息，行政机关便不能从事管理工业、保护环境等活动。[①] 在环境风险的背景下，通过环境信息的公开，可以"相对"清楚地掌握环境公共事务的基本发展面貌，也可以较为清楚地发现公私双方的争议焦点，从而通过预定的协商机制有效解决问题。关于风险交流的研究强调指出，信息通过人们特定的背景假设、知识和价值体系而与人们产生关联，[②] 以此，发现公私合作环境治理的问题所在。事实上，对环境公共事务面貌的掌握也就是发现问题的过程。在实际面对具有环境治理的个案时，无论是公私双方争议点的发现，还是环境公共事务的解决，都需要公私合作双方充分利用所掌握的专业能力，进行有效的交流，才有可能对问题有更精准的解读与更正确的处理方法。

企业或是营利性组织固然可以根据其多年的市场经验和生产技术积累，聚集相当多的专家和专家技术，但是，毕竟企业或者营利性组织所要追求的是经济利益，当所掌握的专业技能发现出来的问题对经济利益没有助益，它们有可能掩盖一些问题。另外，专业技术也并不总是垄断在企业和营利性组织手里，在全球化和市场化的经济社会中，公部门十分容易取得其他专家或专业技术的支持。例如，大量存在的环保 NGO 当中，有不少专业的技术人员具备相关专业能力及知识。因此，可以将公私合作环境治理过程中存在的争议问题，按照法定的程序向社会公布，或者通过环保 NGO 披露相关风险。从而对环境公共项目实施之前，或实施过程中存在的环境风险，进行有效的预防。

四　司法审查技术的跟进与完善

对公私合作环境治理中存在的法律纠纷进行司法审查是一个全新的法律问题，也是一个值得探讨的重要问题。查阅文献资料，可以看到，中外学者有不一样的看法。其中，两位长期着力于私人行政和公私合作

---

① ［美］欧内斯特·盖尔霍恩、罗纳德·M. 利文：《行政法与行政程序概要》，黄列译，中国社会科学出版社 1996 年版，第 76 页。

② ［美］凯斯·R. 孙斯坦：《风险与理性——安全、法律及环境》，师帅译，中国政法大学出版社 2005 年版，第 333 页。

研究的重要学者，提出了不同观点。日本名古屋大学法学博士米丸恒治教授对私人参与公共事务引起救济问题发表看法，他认为，"关于私人行使行政权限的情形，首先应利用现行法上以行政处分或公权力行使为前提的行政救济制度，依情形来看，仍可考虑创新的救济制度"①。章志远教授认为："就救济论而言，合作行政的兴起动摇了司法审查的中心地位，使得救济论面临着三项具体的重述任务。"②

（一）司法审查技术如何进行跟进？

针对公私合作环境治理中的争议，采取怎样的司法审查技术跟进？笔者较为赞同米丸恒治教授的观点，即在充分利用现有的行政诉讼制度、环境公益诉讼制度、国家赔偿诉讼制度，及其他相关司法审查制度的基础上，可以根据公私合作环境治理中的具体个案，适当创新现有的救济制度，特别是从环境公益诉讼制度等方面进行创新，拓展司法审查权利的范围，明确司法审查的原告制度，从而有效填补或者是弥补我国现行的环境诉讼制度的不足。具体可从以下几个方面展开：

1. 司法审查的权利保护范围拓展

我国对于发生公私合作案件纠纷，没有专门的司法制度予以对应。自 2014 年 11 月 1 日修正《行政诉讼法》以来，行政协议被正式纳入我国行政诉讼的受案范围，引发了司法实务界和法学理论界的关注和讨论。③ 在现有的行政诉讼受案范围中拓展对合作行政的司法审查的做法，学者普遍表示高度肯定，但是对于这类案件的司法实践表示"制度的安排并取得预期成效"④。我国最高人民法院的法官也认为，目前行政协议类案件的受理与审理还存在诸方面的问题，甚至一些地方行政法

---

① ［日］米丸恒治：《公私协力与私人行使权力》，刘宗德译，《月旦法学杂志》2009 年第 10 期；［日］米丸恒治：《私人行政——法的统制的比较研究》，洪英、王丹红、凌维慈译，中国人民大学出版社 2010 年版。

② 章志远：《迈向公私合作型行政法》，《法学研究》2019 年第 2 期。

③ 近年来，关于行政协议的司法审查问题的研究成果极为丰富。如江必新：《行政协议的司法审查》，《人民司法》2016 年第 34 期；刘飞：《行政协议诉讼的制度构建》，《法学研究》2019 年第 3 期；余凌云：《行政协议的判断标准——以"亚鹏公司案"为分析样本展开》，《比较法研究》2019 年第 3 期；张青波：《行政协议司法审查思路》，《行政法学研究》2019 年第 1 期。

④ 章志远：《迈向公私合作型行政法》，《法学研究》2019 年第 2 期。

官对如何审理尚存"本领恐慌"。① 针对此,一方面,将现有关于行政协议类案件中,专门针对公私合作类型案件增设条款予以明确,在立法和司法政策上,考虑将具有公共目的,涉及行政公权力、公共资产、公共服务等因素的公私合作形态的协议法律纠纷,纳入行政司法审查范围。② 以此,进一步完善我国现有的行政协议类案件的司法审查制度。另一方面,在此基础上,公私合作环境治理中涉及公私法律纠纷及其他相关纠纷,直接将其纳入行政诉讼的受案范围,强化对环境行政公权力的司法审查。

2. 司法审查的原告资格确定③

既然在环境公私合作的过程构建中,正当程序保障的利益范围得到进一步扩展,相应地就应当降低行政起诉的"门槛",让更多参与公私合作过程的利害关系人取得起诉的资格。具体而言,就是要将我国现行《行政诉讼法》在起诉资格上所确立的"法定保护利益"标准扩展到"事实上利益保护"的标准。也就是说,只要特定的相对人因事实上所享受的利益受到行政行为的侵害即属于法律上的利害关系,具有作为行政第三人起诉的资格。这也是现代公权理论发展的必然趋势。2018年我国最高人民法院的最新司法解释关于原告资格的规定,明显已经将行政协议类案件的原告资格条件予以了拓展和增加。例如,明确了"事业单位、社会团体、基金会、社会服务机构等非营利法人的出资人、设立人"原告资格问题。此外,我国最高人民法院的《关于适用〈中华人民共和国行政诉讼法〉的解释》第 20 条规定,针对实践中行政机关利用公私合作的形式,可能逃避司法审查的现象,专门明确了"行政机关组建并赋予行政管理职能但不具有独立承担法律责任能力的机构,以自己的名义作出行政行为……应当以组建该机构的行政机关为被告",较好地完善了公私合作行政争议的原告和被告资格问题。

---

① 耿宝建、殷勤:《行政协议的判定与协议类行政案件的审理理念》,《法律适用》2018年第 17 期。

② 于立深:《行政协议司法判断的核心标准:公权力的作用》,《行政法学研究》2017 年第 2 期。

③ 陈无风:《司法审查图景中行政协议主体的适格》,《中国法学》2018 年第 2 期。

(二) 司法干预边界及相关制度衔接

1. 公私合作环境治理司法干预的边界

公权与私权的合作使得二者界限更加模糊。[①] 公私合作环境治理的实践形态多样，难以对之进行精准的司法审查，由此，明确公私合作案件司法审查制度的法定边界十分重要。我国《行政诉讼法》第 5 条很好地把法院对行政争议进行司法审查的边际限定在"合法性审查"之内，较为恰当地反映了分权结构下的法院与行政机关之间的基本关系。

公私合作环境治理法律纠纷案件可能既涉及环境行政争议问题，也可能涉及民事诉讼问题，那么，在行政诉讼和民事诉讼两者之间选择何种司法审查方式成为学界争议的话题。[②] 事实上，不限于此，公私合作环境治理案件还存在这样两类司法审查制度的边界问题：一是德国"双阶理论"下公私合作环境治理关系的前后阶段行为的关联性及互相影响。[③] 这里需要法院进行司法审查时进行甄别。二是公私合作环境治理本身存在一些公权力委托和环境专责人员制度，由此形成了国家赔偿问题，[④] 因此，需要从行政诉讼和国家赔偿的关系区分二者的边界。

2. 司法审查与行政程序法、复议法等衔接

在公私合作治理整体的救济体系建构方面，有学者提出，应当有效发挥多元的救济渠道：发挥行政复议的主渠道功能，运用行政调解的分流作用，利用协商谈判的补充作用，以此回应公私合作行为在不同层面争议解决的现实需求。[⑤] 对此观点，笔者深以为然。同时认为，就公私合作环境治理的救济体系建构而言，尤其需要针对环境风险的现实特点，强调公私合作事前预防机制，建立环境风险管控的法律纠纷处置机制。同时，在环境治理的过程中，运用正当程序机制对公私合作治理行为加以程序控制。

---

① 唐清利：《公权与私权共治的法律机制》，《中国社会科学》2016 年第 11 期。
② 刘飞：《行政协议诉讼的制度构建》，《法学研究》2019 年第 3 期。
③ 程明修：《公私协力法律关系之双阶争讼困境》，《行政法学研究》2015 年第 1 期。
④ 詹镇荣：《公私协力与行政合作法》，新学林出版股份有限公司 2016 年版，第 508 页以下。
⑤ 章志远：《迈向公私合作型行政法》，《法学研究》2019 年第 2 期。

正如学者所言，司法理念是对司法的功能、性质和应然模式的系统思考。① 行政审判在审理协议类行政案件时，应当扬弃对传统行政行为单向度的审查习惯和思路，在坚持合法性审查、维护公共利益的同时，② 应该坚持秉承系统的司法审查理念，强化公私合作环境治理司法审查与行政程序法、复议法等衔接。

3. 公私合作环境治理案例指导制度

在英美法系国家，对于公私合作案件的审理，法院主要是通过大量的司法判例确立了一系列多元化的审查标准。这些司法审查的标准具有很大灵活性，不仅可以弥补成文法的不足，还可以发挥对公私合作环境治理案件的能动性司法控制功能。我国已经逐渐开始重视实践案例对司法的能动指导作用，司法实践中已有一些案例编纂制度，在逐步推行的"案例指导制度"，都对公私合作审判工作具有重要的指导、参考作用。但值得注意的是，我国的案例指导制度显然迥异于英美法系典型的判例制度。在人们的观念中，法仍然仅仅局限于宪法、法律、法规、规章等由国家机关制定的、形之于纸上的制定法条文。对公私合作环境治理案例审理大多还是借用现有的"法定依据"。显然，我国既有公私合作乃至行政协议的司法审查相关法律依据，以及体系化的制度明显缺失。因此，适时建立公私合作环境治理案例指导制度当属必然。

---

① 王申：《理念、法的理念——论司法理念的普遍性》，《法学评论》2005 年第 4 期。
② 耿宝建、殷勤：《行政协议的判定与协议类行政案件的审理理念》，《法律适用》2018 年第 17 期。

结束语

在当今社会共治改革潮流的推动下，公私合作执行环境任务成为一种新型的环境治理模式，实践表明，该模式优势明显：国家能够借助私人的人力、专业知识、技术以及资金等民间资源，缓解日益加重的环境行政负担。当然，私人通过合作治理，亦可获得经济上的利益或国家政策上的优惠。因而，公私合作环境治理堪称环境法上国家与社会"共赢"机制，极具理论研究和实践推广价值。

在民主原则与人民基本权利获得保障的前提下，以公私合作方式执行环境行政任务，具有宪法的容许性和合法性基础。从法治国的理论分析，虽然公私合作模糊化了传统意义上的国家与社会间的角色分工，但是，通过宪法法律的统制及其相关保障机制，国家与社会的功能领域并未遭到本质混同。此外，伴随着世界经济社会的迅猛发展，国家独占承担环境、健康、食品安全等公共事务的理论已经过时，公权与私权交融发展，为公私合作环境治理提供了更多可能的空间。

为了确保国家环境任务的履行，环境公益得到维护，可能涉及的第三人权益得到保障，无论是正式的环境合同或者环境委托，抑或是环境行政助手、环境专责人员等非正式的公私合作环境治理行为，都应纳入法治的轨道上运作。目前我国最高人民法院针对环境合同与环境公益诉讼等方面案件已经专门出台司法解释对之加以规范，提升司法审查的强度，取得了较好的法律规制成效。但许多根本性问题，如环境公私合同的区分、环境行政合同适用民事法律规范的范围与界限、国家环境监督措施与环境合同之间的法律衔接关系、非正式的公私合作环境治理行为的法律规制等问题，尚待厘清，对应的法律规制措施有待跟进。

改革开放以来，我国公私合作环境治理在不同领域得到广泛应用，但相较于西方发达国家，环境法学上公私合作方面的立法明显滞后，针对性的公私合作环境治理执行监督和司法审查制度严重缺失,相关案件纠纷仍然存在诸多争议,直接影响了公私合作环境治理的良性发展,也不利于环境法治秩序的稳定。可以预见,公私合作环境治理在未来法治发展中只会日趋多样化和普及化,而绝非一种过渡性法律现象。因此,为适应这一发展趋势,亟待对公私合作环境治理的理论前沿和实践问题做进一步拓展研究,尽早将之纳入我国环境法治。

参考文献

一 中文著作

陈慈阳:《环境法总论》,中国政法大学出版社2003年版。

陈慈阳:《合作原则之具体化:环境受委托组织法制化之研究》,元照出版公司2006年版。

陈春生:《行政法之学理与体系》(二),元照出版公司2007年版。

陈海嵩:《国家环境保护义务论》,北京大学出版社2015年版。

陈军:《变化与回应:公私合作的行政法研究》,中国政法大学出版社2014年版。

陈新民:《公法学札记》,中国政法大学出版社2001年版。

陈新民:《德国公法学基础理论》(上、下册),山东人民出版社2001年版。

陈真亮:《环境保护的国家义务研究》,法律出版社2015年版。

杜辉:《环境公共治理与环境法的更新》,中国社会科学出版社2018年版。

冯汝:《环境法私人实施研究》,中国社会科学出版社2017年版。

韩德培:《环境保护法教程》,法律出版社2018年第8版。

姜明安主编:《行政法与行政诉讼法》,北京大学出版社、高等教育出版社2011年版。

李红利:《环境困局与科学发展:中国地方政府环境规制研究》,上海人民出版社2012年版。

李挚萍:《环境法的新发展——管制与民主之互动》,人民法院出版社2006年版。

李永林:《环境风险的合作规制:行政法视角的分析》,中国政法大学出版社 2014 年版。

李以所：《德国公私合作制促进法研究》，中国民主法制出版社 2013 年版。

吕忠梅：《环境法新视野》，中国政法大学出版社 2019 年版。

刘宗德：《制度设计型行政法学》，北京大学出版社 2013 年版。

史玉成：《环境法的法权结构理论》，商务印书馆 2018 年版。

钭晓东：《论环境法功能之进化》，科学出版社 2008 年版。

汪劲、严厚福、孙晓璞：《环境正义：丧钟为谁而鸣——美国联邦法院环境诉讼经典判例选》，北京大学出版社 2006 年版。

汪劲：《环境法律的解释：问题与方法》，人民法院出版社 2006 年版。

王曦：《美国环境法概论》，武汉大学出版社 1992 年版。

王树义：《俄罗斯生态法》，武汉大学出版社 2001 年版。

王树义：《环境法基本理论研究》，元照出版公司 2012 年版。

吴庚：《行政法之理论与实用》，中国人民大学出版社 2005 年版。

吴卫星：《环境权研究——公法学的视角》，法律出版社 2007 年版。

吴卫星：《环境权理论的新展开》，北京大学出版社 2018 年版。

翁岳生：《行政法》（上、下），中国法制出版社 2009 年版。

徐海静：《法学视域下环境治理模式的创新：以公私合作为目标》，法律出版社 2017 年版。

余晖、秦虹主编：《公私合作制的中国试验》，世纪出版集团、上海人民出版社 2005 年版。

俞可平：《治理与善治》，社会科学文献出版社 2000 年版。

叶俊荣：《环境行政的正当法律程序》，三民书局 1997 年版。

叶俊荣：《环境政策与法律》，中国政法大学出版社 2003 年版。

张红凤、张细松：《环境规制理论研究》，北京大学出版社 2012 年版。

邹焕聪：《公私合作（PPP）法律问题研究》，人民出版社 2017 年版。

张文显：《法哲学范畴研究》（修订版），中国政法大学出版社 2001 年版。

张文显：《二十世纪西方法哲学思潮研究》，法律出版社 2006 年版。

张梓太：《环境法律责任研究》，商务印书馆 2004 年版。

张梓太：《环境法法典化研究》，北京大学出版社 2008 年版。

詹镇荣：《民营化法与管制革新》，元照出版公司 2005 年版。

詹镇荣：《公私协力与行政合作法》，新学林出版股份有限公司 2016 年版。

张一雄：《公私合作行政行为形式选择之理论与实践》，东南大学出版社 2018 年版。

张翔：《基本权利的规范建构》，法律出版社 2017 年版。

章志远：《行政任务民营化法制研究》，中国政法大学出版社 2014 年版。

周佑勇：《行政裁量治理研究：一种功能主义的立场》，法律出版社 2008 年版。

二　中文译著

［德］阿图尔·考夫曼、温弗里德·哈斯默尔：《当代法哲学和法律理论导论》，郑永流译，法律出版社 2013 年版。

［印］阿马蒂亚·森：《以自由看待发展》，任赜、于真译，中国人民大学出版社 2009 年版。

［英］安东尼·奥格斯：《规制：法律形式与经济学理论》，骆梅英译，中国人民大学出版社 2008 年版。

［英］安东尼·吉登斯：《现代性的后果》，田禾译，译林出版社 2011 年版。

［美］埃莉诺·奥斯特罗姆：《公共事务的治理之道：集体行动制度的演进》，余逊达、陈旭东译，上海译文出版社 2012 年版。

［美］查理德·B.斯图尔特：《美国行政法的重构》，沈岿译，中国政法大学出版社 2002 年版。

［美］理查德·拉撒路斯：《环境法的形成》，庄汉译，中国社会科学出版社 2017 年版。

［英］大卫·丹尼：《风险与社会》，马缨、王嵩、陆群峰等译，北京出版社 2009 年版。

［美］戴维·莫斯：《别无他法：作为终极风险管理者的政府》，何平译，人民出版社 2014 年版。

［日］大桥洋一：《行政法学的结构性变革》，吕艳滨译，中国人民大学出版社 2008 年版。

［英］达霖·格里姆塞、［澳］莫文·K. 刘易斯：《公私合作伙伴关系：基础设施供给和项目融资的全球革命》，济邦咨询公司译，中国人民大学出版社 2007 年版。

［英］戴雪：《英宪精义》，雷宾南译，中国法制出版社 2001 年版。

［美］E. S. 萨瓦斯：《民营化与公私部门的伙伴关系》，周志忍等译，中国人民大学出版社 2002 年版。

［美］J. R. 麦克尼尔：《阳光下的新事物 20 世纪世界环境史》，韩莉、韩晓雯译，商务印书馆 2012 年版。

［美］珍妮特·V. 登哈特、罗伯特·B. 登哈特：《新公共服务：服务，而不是掌舵》，丁煌译，中国人民大学出版社 2010 年版。

［美］詹姆斯·N. 罗西瑙：《没有政府的治理》，张胜军等译，江西人民出版社 2001 年版。

［美］詹姆斯·萨尔兹曼、巴顿·汤普森：《美国环境法》（第四版），徐卓然、胡慕云译，北京大学出版社 2016 年版。

［美］科斯塔斯·杜兹纳：《人权的终结》，郭春发译，江苏人民出版社 2002 年版。

［英］科林·斯科特：《规制、治理与法律：前沿问题研究》，安永康译，清华大学出版社 2018 年版。

［美］凯斯·R. 孙斯坦：《风险与理性——安全、法律及环境》，师帅译，中国政法大学出版社 2005 年版。

［德］哈贝马斯：《在事实与规范之间：关于法律和民主法治国的商谈理论》，童世骏译，生活·读书·新知三联书店 2003 年版。

［德］哈特穆特·毛雷尔：《行政法学总论》，高家伟译，法律出版社 2000 年版。

［德］汉斯·J. 沃尔夫、奥托·巴霍夫、罗尔夫·施托贝尔：《行政法》（第三卷），高家伟译，商务印书馆 2007 年版。

［美］蕾切尔·卡森：《寂静的春天》，吕瑞兰、李长生译，上海译

文出版社 2008 年版。

［德］罗尔夫·施托贝尔：《经济宪法与经济行政法》，谢立斌译，商务印书馆 2008 年版。

［美］罗斯科·庞德：《通过法律的社会控制》，沈宗灵译，商务印书馆 2008 年版。

［德］卢曼：《社会的法律》，郑伊倩译，人民出版社 2009 年版。

［美］诺内特、塞尔兹尼克：《转变中的法律与社会：迈向回应型法》，张志铭译，中国政法大学出版社 2002 年版。

［美］拉塞尔·M. 林登：《无缝隙政府：公共部门再造指南》，汪大海译，中国人民大学出版社 2014 年版。

［德］拉德布鲁赫：《法哲学》，王朴译，法律出版社 2013 年版。

［日］美浓部达吉：《公法与私法》，黄冯明译，中国政法大学出版社 2002 年版。

［日］米丸恒治：《私人行政——法的统制的比较研究》，洪英、王丹红、凌维慈译，中国人民大学出版社 2010 年版。

［日］南川秀树等：《日本环境问题：改善与经验》，王伟、周晓娜、殷国梁译，社会科学文献出版社 2017 年版。

［日］鸟越皓之：《环境社会学：站在生活者的角度思考》，宋金文译，中国环境科学出版社 2009 年版。

［日］交告尚史、臼杵知史、前田阳一、黑川哲志：《日本环境法概论》，田林、丁倩雯译，中国法制出版社 2014 年版。

［英］马克·洛克林：《公法与政治理论》，郑戈译，商务印书馆 2002 年版。

［美］欧内斯特·盖尔霍恩、罗纳德·M. 利文：《行政法与行政程序概要》，黄列译，中国社会科学出版社 1996 年版。

［美］全钟燮：《公共行政：设计与问题解决》，黄曙曜译，五南图书出版公司 1994 年版。

［美］R. M. 昂格尔：《现代社会中法律》，吴玉章、周汉华译，译林出版社 2008 年版。

［美］史蒂芬·布雷耶：《规制及其改革》，李洪雷等译，北京大学出版社 2008 年版。

［美］史蒂芬·布雷耶：《打破恶性循环：政府如何有效规制风险》，宋华琳译，法律出版社 2009 年版。

［德］施密特·阿斯曼：《秩序理念下的行政法体系建构》，林明锵等译，北京大学出版社 2012 年版。

［德］乌尔里希·贝克：《风险社会》，何博闻译，译林出版社 2004 年版。

［美］维克托·迈尔·舍恩伯格：《大数据时代：生活、工作与思维的大变革》，周涛译，浙江人民出版社 2013 年版。

［德］韦伯：《经济与社会》（下册），林荣远译，商务印书馆 1997 年版。

［日］原田尚彦：《环境法》，于敏译，法律出版社 1999 年版。

［美］亚历山大主编：《国家与市民社会：一种社会理论的研究路径》（增订版），邓正来译，上海人民出版社 2005 年版。

［美］约翰·D. 多纳休、查理德·J. 泽克豪泽：《合作：激变时代的合作治理》，徐维译，中国政法大学出版社 2015 年版。

［英］约瑟夫·拉兹：《法律体系的概念》，吴玉章译，商务印书馆 2017 年版。

［美］朱迪·费里曼：《合作治理与新行政法》，毕洪海、陈标冲译，商务印书馆 2010 年版。

三　中文论文

陈柏峰：《中国法治社会的结构及其运行机制》，《中国社会科学》2019 年第 1 期。

陈海嵩：《国家环境保护义务的溯源与展开》，《法学研究》2014 年第 1 期。

陈潭：《第三方治理：理论范式与实践逻辑》，《政治学研究》2017 年第 1 期。

陈无风：《司法审查图景中行政协议主体的适格》，《中国法学》2018 年第 2 期。

程明修：《公私协力法律关系之双阶争讼困境》，《行政法学研究》2015 年第 1 期。

程明修：《经济行政法中"公私协力"行为形式的发展》，《月旦法学杂志》2000 年第 5 期。

程明修：《行政行为形式选择自由——以公私协力行为为例》，《月旦法学杂志》2005 年第 5 期。

陈泉生：《论环境行政合同》，《福建论坛》（经济社会版）1997 年第 6 期。

杜群：《中外环境行政管制之比较》，《太平洋学报》1997 年第 3 期。

杜辉：《论制度逻辑框架下环境治理模式之转换》，《法商研究》2013 年第 1 期。

杜辉：《面向共治格局的法治形态及其展开》，《法学研究》2019 年第 4 期。

邓可祝：《重罚主义背景下合作型环境法：模式、机制与实效》，《法学评论》2018 年第 2 期。

[英] 蒂姆·佛西：《合作型环境治理：一种新模式》，谢蕾摘译，《国家行政学院学报》2004 年第 3 期。

[德] 迪尔克·埃勒斯：《德国行政程序法法典化的发展》，展鹏贺译，《行政法学研究》2016 年第 5 期。

巩固：《美国环境公民诉讼之起诉限制及其启示》，《法商研究》2017 年第 5 期。

高秦伟：《论中国大陆煤炭能源监管中的公私伙伴关系》，《月旦法学杂志》2009 年总第 174 期。

耿宝建、殷勤：《行政协议的判定与协议类行政案件的审理理念》，《法律适用》2018 年第 17 期。

金太军：《从行政区行政到区域公共管理——政府治理形态嬗变的博弈分析》，《中国社会科学》2007 年第 6 期。

金自宁：《作为风险规制工具的信息交流以环境行政中 TRI 为例》，《中外法学》2010 年第 3 期。

江平：《社会权力与和谐社会》，《中国社会科学院研究生院学报》2005 年第 4 期。

江必新、邵长茂：《社会治理新模式与行政法的第三形态》，《法学研究》2010 年第 6 期。

江必新：《行政协议的司法审查》，《人民司法》2016 年第 34 期。

江必新：《论现代社会治理格局——共建共治共享的意蕴、基础与关键》，《法学杂志》2019 年第 2 期。

江国华：《政府和社会资本合作项目合同性质及争端解决机制》，《法商研究》2018 年第 2 期。

［日］角松生史：《行政活动的民营化和行政法学》，周实译，《行政法学研究》2015 年第 3 期。

［德］扬·齐科：《从德国宪法与行政法观点论公私协力——挑战与发展》，詹镇荣译，《月旦法学杂志》2010 年第 5 期。

［英］杰瑞·斯托克：《地方治理研究：范式、理论与启示》，楼苏萍译，《浙江大学学报》（人文社会科学版）2007 年第 2 期。

李国平、张文彬：《地方政府环境规制及其波动机理研究——基于最优契约设计视角》，《中国人口·资源与环境》2014 年第 10 期。

李建良：《环境公民诉讼的诉讼类型与程序要件——美丽湾度假村环评公民诉讼裁判综合评析》，《台湾法学杂志》2012 年总第 211 期。

李建良：《环评审查的回避问题：美丽湾评案——最高行政法院 101 年度判字 55 号判决的解析与商榷》，《台湾法学杂志》2010 年总第 210 期。

李爱年、刘爱良：《美国有毒化学物质排放清单制度及其对我国的启示》，2011 年中国法学会环境资源法学研究会年会，桂林，2011 年 8 月。

刘超：《管制：互动与环境污染第三方治理》，《中国人口·资源与环境》2015 年第 2 期。

刘宗德：《公私协力与自主规制之公法学理论》，《月旦法学杂志》2013 年第 6 期。

刘宗德：《日本公害防止协定之研究》，《政大法学评论》1988 年第 38 期。

刘长兴：《污染第三方治理的法律责任基础与合理界分》，《法学》2018 年第 6 期。

刘长兴：《论环境服务合同》，载吕忠梅主编《环境资源法论丛》

(第 11 卷)，法律出版社 2019 年版。

刘光富、刘文侠、鲁圣鹏等：《考虑政府引导的社会源危险废物回收处理模式研究》，《科技管理研究》2016 年第 8 期。

刘飞：《行政协议诉讼的制度构建》，《法学研究》2019 年第 3 期。

梁凤云：《公私合作协议的公法属性及其法律救济》，《中国法律评论》2018 年第 4 期。

梁甜甜：《多元环境治理体系中政府和企业的主体定位及其功能》，《当代法学》2018 年第 5 期。

林明锵：《担保国家与担保行政法——从 2008 年金融风暴与毒奶粉事件谈国家的角色》，载《政治思潮与国家法学——吴庚教授七秩华诞祝寿论文集》，元照出版公司 2010 年版。

林明锵：《行政行为形式选择自由——以公私协力行为为例》，《月旦法学杂志》2005 年第 5 期。

林淑馨：《日本公私协力推动经验之研究：北海道与志木市的个案分析》，《公共行政学报》2009 年第 32 期。

栗明：《社区环境治理多元主体的利益共容与权力架构》，《理论与改革》2017 年第 3 期。

吕忠梅、刘长兴：《论环境合同》，载《人大法律评论》2003 年卷（总第 5 辑），中国人民大学出版社 2003 年版。

吕忠梅、刘长兴：《试论环境合同制度》，《现代法学》2003 年第 3 期。

马民虎、张敏：《信息安全与网络社会法律治理：空间、战略、权利、能力——第五届中国信息安全法律大会会议综述》，《西安交通大学学报》（社会科学版）2015 年第 2 期。

马允：《美国环境规制中的命令、激励与重构》，《中国行政管理》2017 年第 4 期。

［日］米丸恒治：《公私协力与私人行使权力》，刘宗德译，《月旦法学杂志》2009 年总第 173 期。

潘峰、西宝、王琳：《地方政府间环境规制策略的演化博弈分析》，《中国人口·资源与环境》2014 年第 6 期。

钱水苗、巩固：《论环境行政合同》，《法学评论》2004 年第 5 期。

宋亚辉：《风险控制的部门法思路及其超越》，《中国社会科学》2017年第10期。

孙清白、王建文：《大数据时代个人信息"公共性"的法律逻辑与法律规制》，《行政法学研究》2018年第3期。

沈红军：《德国环境信息公开与共享》，《世界环境》2009年第6期。

石佑启、杨治坤：《中国政府治理的法治路径》，《中国社会科学》2018年第1期。

［日］山本隆司：《日本公私协力之动向与课题》，刘宗德译，《月旦法学杂志》2009年第9期。

史玉成：《环境法学核心范畴之重构：环境法的法权结构论》，《中国法学》2016年第5期。

钭晓东、赵文萍：《社会源废弃物的损害复合性及其法律控制研究》，《湖南师范大学社会科学学报》2017年第6期。

钭晓东：《论环境监管体制桎梏的破除及其改良路径——〈环境保护法〉修改中的环境监管体制命题探讨》，《甘肃政法学院学报》2010年第2期。

唐清利：《公权与私权共治的法律机制》，《中国社会科学》2016年第11期。

谭冰霖：《环境规制的反身法路向》，《中外法学》2016年第6期。

吴卫星：《论环境规制中的结构性失衡——对中国环境规制失灵的一种理论解释》，《南京大学学报》（哲学·人文科学·社会科学）2013年第2期。

吴凯：《中国环境法上合作原则的演化路径与治理功能》，《南京工业大学学报》（社会科学版）2016年第2期。

吴立香、王传干：《公私合作（PPP）的兴起及法律规治》，《苏州大学学报》（哲学社会科学版）2018年第2期。

王勇：《自愿性环境协议：一种新型的环境治理方式——基于协商行政的初步展开》，《甘肃政法学院学报》2017年第3期。

王毓正：《简析台湾环境基本法之立法过程、规范内涵与施行状况》，载吕忠梅主编《环境资源法论丛》（第9卷），法律出版社2011

年版。

王毓正：《论国家环境保护任务之私化》，《月旦法学杂志》2004 年第 1 期。

王树义：《论生态文明建设与环境司法改革》，《中国法学》2014 年第 3 期。

王树义、蔡文灿：《论我国环境治理的权力结构》，《法制与社会发展》2016 年第 3 期。

王曦、张岩：《论美国环境公民诉讼制度》，《交大法学》2015 年第 4 期。

王曦：《当前我国环境法制建设亟须解决的三大问题》，《法学评论》2008 年第 4 期。

王新雷、王玥：《网络监控法之现代化与中国进路》，《西安交通大学学报》（社会科学版）2017 年第 2 期。

王申：《理念、法的理念——论司法理念的普遍性》，《法学评论》2005 年第 4 期。

王锡锌、郑雅方：《日本公私合作模式研究——以 PFI 立法过程为中心的考察》，载《行政法论丛》（第 20 卷），法律出版社 2017 年版。

许宗力：《论行政任务的民营化》，载《当代公法新论（中）——翁岳生教授七秩诞辰祝寿论文集》，元照出版公司 2002 年版。

肖磊：《多元语境下环境权力优化及其制度因应》，《中国矿业大学学报》（社会科学版）2019 年第 3 期。

肖磊：《社会源废弃物信息获取的模式及其法律规制》，《中国地质大学学报》（社会科学版）2019 年第 2 期。

肖磊：《绿色发展理念下生态扶贫法治保障研究》，《法学杂志》2019 年第 5 期。

肖磊：《自治到合作：环保组织自治性问题研究——以温州民间商会为考察视角》，《政治与法律》2009 年第 10 期。

谢煊、孙洁、刘英志：《英国开展公私合作项目建设的经验及借鉴》，《中国财政》2014 年第 1 期。

谢伟：《我国环境诉讼的专家证人制度构建》，《政治与法律》2016 年第 10 期。

叶俊荣：《环境立法的两种模式：政策性立法与管制性立法》，《清华法治论衡》2013年第3期。

叶必丰：《基于区域合作思想的跨界污染纠纷处理》，《法学家》2017年第4期。

叶必丰：《行政组织法功能的行为法机制》，《中国社会科学》2017年第7期。

俞可平：《中国公民社会：概念、分类与制度环境》，《中国社会科学》2006年第1期。

应飞虎、涂永前：《公共规制中的信息工具》，《中国社会科学》2010年第4期。

余凌云：《行政协议的判断标准——以"亚鹏公司案"为分析样本展开》，《比较法研究》2019年第3期。

于相毅、毛岩、孙锦业：《美日欧PRTR制度比较研究及对我国的启示》，《环境科学与技术》2015年第2期。

于立深：《行政协议司法判断的核心标准：公权力的作用》，《行政法学研究》2017年第2期。

姚岳绒：《论信息自决权作为一项基本权利在我国的证成》，《政治与法律》2012年第4期。

［德］英格沃·埃布森：《通过规制实现健康保护——范围、方法和程序概览》，喻文光译，《行政法学研究》2015年第4期。

章志远：《迈向公私合作型行政法》，《法学研究》2019年第2期。

詹镇荣：《论民营化类型中之公私协力》，《月旦法学杂志》2003年第11期。

詹镇荣：《宪法框架下之国家独占》，载《全球化下之管制行政法》，元照出版公司2011年版。

张辉：《美国环境公众参与理论及其对中国的启示》，《现代法学》2015年第4期。

张桐锐：《合作国家》，载《当代公法新论（中）——翁岳生教授七秩诞辰祝寿论文集》，元照出版公司2002年版。

张桐锐：《行政法与合作国家》，《月旦法学杂志》2005年第6期。

张青波：《行政协议司法审查思路》，《行政法学研究》2019年第

1 期。

张守文：《PPP 的公共性及其经济法的解析》，《法学》2015 年第 11 期。

张文明：《"多元共治"环境治理体系内涵与路径探析》，《行政管理改革》2017 年第 2 期。

张翔：《环境宪法的新发展及其规范阐释》，《法学家》2018 年第 3 期。

张梓太：《论我国环境法法典化的基本路径与模式》，《现代法学》2008 年第 4 期。

周雪光、练宏：《政府内部上下级部门间谈判的一个分析模型——以环境政策实施为例》，《中国社会科学》2011 年第 5 期。

周佑勇：《公私合作语境下政府购买公共服务现存问题与制度完善》，《政治与法律》2015 年第 12 期。

四 英文文献

Adam B., Beck U. and Loon V. J., *The Risk Society and Beyond: Critical Issues for Social Theory*, London: Sage, 2000.

Alessandro L.D., Bailey S.J., Monda B., Giorgino M., "PPPs as Strategic Alliances: From Technocratic to Multidimensional Risk Governance", *Managerial Finance*, Vol.40, No.11, 2014.

Beck U., "Critical Theory of World Risk Society: A Cosmopolitan Vision", *Constellations*, Vol.16, No.1, 2009.

Davis K.C., *Discretionary Justice*, University of Illinois Press, 1971.

Douglas M.T., Wildavsky A.B., *Risk and Culture: an Essay on the Selection of Technical and Environmental Dangers*, University of California Press, 1982.

Durant R.F, Fiorino D.J.and O'Leary R., "Environmental Governance Reconsidered", *Journal of Politics*, Vol.67, No.3, 2004.

Durant R.F, Fiorino D.J.and O'Leary R., *Environmental Governance Reconsidered: Challenges, Choices, and Opportunities*, MIT Press, 2004.

Fisher E., "Risk and Environmental Law: A Beginner's Guide", in B.

Richardson and S. Wood (eds.), *Environmental Law for Sustainability*, Oxford, Hard Publishing, 2006.

Fiorino D. J., *The New Environmental Regulation*, Cambridge: The MIT Press, 2006.

Fiorino D. J., "Rethinking Environmental Regulation: Perspectives on Law and Governance", *The Harvard Environmental Law Review*, Vol. 23, No. 2, 1999, p.15.

Fiorino D. J., *Toward a New System of Environmental Regulation: The Case for an Industry Sector Approach*, Environmental Law, 1996.

Freeman J., "Collaborative Governance in the Administrative State", *Social Science Electronic Publishing*, Vol.45, No.1, 1997.

Forsyth T., "Cooperative Environmental Governance", *Journal of China National School of Administration*, Vol.25, No.3, 2004.

Gunningham N., "Environment Law, Regulation and Governance: Shifting Architectures", *Journal of Environmental Law*, Vol.21, No.2, 2009.

Hauert, C., Holmes, M., and Doebeli, M., "Evolutionary Games and Population Dynamics: Maintenance of Cooperation in Public Goods Games", *Proceedings of the Royal Society B Biological Sciences*, Vol. 273, No. 1600, 2006.

Joseph P. Tomain and Sidney A. Shapiro, "Analyzing Government Regulation", *Administrative Law Review*, Vol.49, No.6, 1997.

Kanie N. and Haas P. M., *Emerging Forces in Environmental Governance*, Tokyo, NY and Paris: United Nations University Press, 2004.

Long E., Kokke S., Lundie D., "Technical Solutions to Improve Global Sustainable Management of Waste Electrical and Electronic Equipment (WEEE) in the EU and China", *Journal of Remanufacturing*, Vol. 6, No. 1, 2016.

March, James G., Olsen J. P., *Ambiguity and Choice in Organizations*, Bergen: Universitetsforlaget, 1979.

Moses J., Rosenhaft E., "Introduction: Moving Targets Risk, Security, and the Social in Twentieth-Century Europe", *Social Science History*, Vol.

39, No. 1, 2015.

Niklas Luhmann, *Risk: A Sociological Theory*, New York: Aldine de Gruyter, 1993.

Ostrom E., "Polycentric Systems for Coping with Collective Action and Global Environmental Change", *Global Environmental Change*, Vol. 20, No. 4, 2010.

Paund, "A Survey of Social Interests", *Harvard Law Review*, Vol.57, No. 1, 1943.

Peter and Huber, "Safety and the Second Best: the Hazards of Public Risk Management in the Courts", *Columbia Law Review*, Vol. 11, No. 3, 1985.

Ruane S., "Corporate and Political Strategy in Relation to the Private Finance Initiative in the UK", *Critical Social Policy*, Vol.30, No.4, 2010.

Savas E.S., "Privatization and Public – Private Partnerships for Local Services", *Chatham House*, Vol.87, No. 1, 2004.

Scott Lash, "Risk Culture in Barbara Adam", in Ulrich Bech, Joost Van Loon eds., *The Risk Society and Beyond: Critical Issues for Social Theory*, California: SAGE Publications Ltd., 2000.

Smyth and Edkins, "Relationship Management in the Management of PFI/PPP Projects in the UK", *International Journal of Project Management*, Vol.25, No. 3, 2007.

Sunstein C.R., *Risk and Reason: Safety, Law, and the Environment*, Cambridge University Press, 2004.

Stewart R.B., "The Reformation of American Administrative Law", *Harvard Law Review*, Vol.88, No. 8, 1975.

Steinzor R.I., "Reinventing Environmental Regulation: the Dangerous Journey from Command to Self-control", *The Harvard Environmental Law Review*, Vol.22, No. 1, 1998, pp.103-202.

Vicker J. and George Y., *Privatization: Economic Analysis*, MIT Press, 1988.

五 学位论文

蔡文灿：《环境治理行政权力配置与运行研究》，博士学位论文，武汉大学，2016年。

杜辉：《环境治理的制度逻辑与模式转变》，博士学位论文，重庆大学，2012年。

方永丽：《中国环境规制对生态效率的影响研究》，博士学位论文，中南财经政法大学，2018年。

孙海婧：《地方政府环境规制中相关利益主体的互动关系》，博士学位论文，暨南大学，2010年。

王斌：《环境污染治理与规制博弈研究》，博士学位论文，首都经济贸易大学，2013年。

夏欣：《东北地区环境规制对经济增长的影响研究》，博士学位论文，吉林大学，2019年。

辛年丰：《环境风险的公私协力：国家任务变迁的观点》，博士学位论文，台湾大学，2013年。

许登科：《德国担保国家理论为基础之公私协力法制》，博士学位论文，台湾大学，2008年。

张治宇：《合作行政法——行政法学理论基础之重构与应用》，博士学位论文，西南政法大学，2016年。

杨靖文：《公私合作与行政法的回应》，博士学位论文，西南政法大学，2017年。

六 其他文献

寇江泽：《非法转移倾倒固废危废，多名责任人被问责》，《人民日报》2018年5月14日。

刘光富：《你不知道的社会源危险废物》（社会源危险废物危害生态环境系列），《浦东日报》2016年9月9日。

吴凯：《构建我国环境资源审判专家证人制度》，《人民法院报》2015年5月8日。

吴岩：《德国的环境保护法律体系》，《人民法院报》2013年8月

2日。

吴勇、张枨、寇江泽:《形成合力,推动绿富同兴——内蒙古库布其沙漠治理经验报道二》,《人民日报》2018年8月7日。

习近平:《在中共十八届二中全会第二次全体会议上的讲话(2013年2月28日)》,《人民日报》(海外版)2016年8月17日。

习近平:《决打好污染防治攻坚战　推动生态文明建设迈上新台阶》,《人民日报》2018年5月20日。

张梦然:《气候变化让地球96%人口大脑发育受影响》,《科技日报》2019年9月24日。

《中国城市生活垃圾处理水平已进入世界第一方阵》,http://fangtan.china.com.cn/2019-06/14/content_74886604.htm。

江必新:《推进国家治理体系和治理能力现代化》,《光明日报》2013年11月15日。

江平:《社会权力与和谐社会》,2010年3月8日,中国人民大学法学院"民商法前沿讲座"讲座,http://www.aisixiang.com/data/37338.html。

后　　记

2019年11月底，我在武汉大学法学院顺利通过博士学位论文答辩，终于熬过人生当中最为漫长的一个学业学习阶段。我如释重负，学业压力暂时得以纾解。回望来路，我走得有些曲折，其中的苦与乐，尽管已成过往，但令我终身难忘。

于我而言，这是一段相当艰辛的学术探索之路，特别是在我博士论文撰写和书稿的修改阶段，我几经迷茫、焦虑和困惑，甚或陷于公私合作环境治理法律规制研究领域的某个旋涡，无法自拔。所幸，诸多的良师益友，给了我很多的机会、支持、鼓励、指导和祝福。对此，我心怀感恩之情。

首先，感谢和致敬我的学业导师张梓太老师、王树义老师和周佑勇老师。感恩张梓太老师，承蒙导师错爱，忝入门下成为导师弟子。恩师严谨的治学态度、敏锐的学术眼光，使得我的学术境界得到了一定的升华；与恩师的每一次交流，让我如沐春风，收获满满。感恩王树义老师将我再次引入珞珈山研习环境法，恩师学高德厚，性情豁达，严谨的治学态度，使得学生受益良多。师母温敏老师温文尔雅、睿智仁厚，对我的学业、工作、生活给予了许多亲人般的关爱。感恩周佑勇老师和刘艳红老师，他们在我2005年硕士研究生毕业以后，一如既往地为我的工作和学术科研能力提升，提供了许多无私的支持与帮助。

其次，感谢环境法所的蔡守秋老师、李启家老师、杜群老师、罗吉老师、刘柱彬老师、李广兵老师、秦天宝老师、柯坚老师、刘静老师、胡斌老师等诸位老师。感恩给我博士论文开题、预答辩和答辩指导的周珂老师、张里安老师、王文革老师、钭晓东师兄、颜士鹏师兄、邱秋师姐、王彬辉师姐、陶蕾师姐。感恩匿名专家老师对我的博士论文和课题成果所反馈的客观、专业、严谨的评审意见。同时也要感谢诸位师兄师弟师姐师妹及各位同学，他们见证了我在武汉大学学术成长的经历。与他们之间的交往与友谊，让我的学业生活充满了许多的快乐。

再次，感谢温州大学法学院的领导和诸位同事。入职温州大学以来，学院的许多领导、同事以不同的形式，在不同的场合，对我的工作、学习和家庭生活，给予了许多的理解与支持，提供了许多无私的帮助，我都将一一铭记于心。当然，我还想借此专门感谢中国社会科学出版社的编辑梁剑琴博士，作为我的硕士研究生同学和博士研究生同门，她非常专业而认真负责地工作，为本书稿的修改完善增色不少，也使得我的这本学术专著得以尽早出版面世。

最后，感谢我的家人，尤其是爱妻陈亚绒女士，我的博士学业顺利完成和本书稿的修改完善，离不开她的鼓励、鞭策与奉献。感谢我的父母、岳父岳母无私的关爱与宽容支持。感谢我的姑姑姑父一家，在武汉求学的日子离不开他们精心的照顾。同时，也要感恩我温暖大家庭的每一位成员。

我深知学术淬炼之途并不轻松，更何况天资愚钝的我。因此，我希望自己能够更加勤奋一点坚韧一些，以期能够尽力回报恩师、家人、师友和同事们满满的关爱关心之情。尽管本书是我学术道路上第一本用心用情之作，但限于自身学术能力之不足，书中不当之处甚或谬误之处，还请各位大方之家指正为盼。

肖磊

2020年6月15日